# Ohio Valley German Biographical Index

*Don Heinrich Tolzmann*

HERITAGE BOOKS
2020

**HERITAGE BOOKS**
*AN IMPRINT OF HERITAGE BOOKS, INC.*

**Books, CDs, and more—Worldwide**

For our listing of thousands of titles see our website
at
www.HeritageBooks.com

Published 2020 by
HERITAGE BOOKS, INC.
Publishing Division
5810 Ruatan Street
Berwyn Heights, Md. 20740

Copyright © 1992 Don Heinrich Tolzmann

Cover illustration from *German Achievements in America*
by Rudolf Cronau

All rights reserved. No part of this book may be reproduced or transmitted in any form or by any means, electronic or mechanical, including photocopying, recording or by any information storage and retrieval system without written permission from the author, except for the inclusion of brief quotations in a review.

International Standard Book Numbers
Paperbound: 978-1-55613-587-3
Clothbound: 978-0-7884-6484-3

## Contents

| | | |
|---|---|---|
| Preface | | v |
| Sources Indexed | | vii |
| Index | | 1 |
| A | (Aaronburg-Awl) | 1 |
| B | (Baader-Buten) | 2 |
| C | (Cammerhof-Cuyler) | 10 |
| D | (Daeuble-Dusenberg) | 12 |
| E | (Ebeling-Eyman) | 15 |
| F | (Faber-Fussner) | 17 |
| G | (Gabriel-Gwinner) | 21 |
| H | (Haacke-Huyning) | 24 |
| I | (Ibach-Ipshording) | 32 |
| J | (Jackmann-Juppenplatz) | 32 |
| K | (Kabbes-Kurre) | 34 |
| L | (La Barre-Lutz) | 40 |
| M | (Maag-Myers) | 44 |
| N | (Nagel-Nungster) | 49 |
| O | [Obenz-Ozeas] | 51 |
| P | [Pahls-Putnam] | 51 |
| Q | [Quante-Quatmann] | 54 |
| R | [Rabenhorst-Rymacher] | 54 |
| S | [Saatkamp-Sutter] | 59 |
| T | [Taenzer-Tydeman] | 69 |
| U | [Uebenener-Urban] | 71 |

| | |
|---|---|
| V [Van Braam-Vosskoetter] | 71 |
| W [Wachsler-Wurz] | 73 |
| Y [Yeargin-Yoder] | 77 |
| Z [Zaeslein-Zwiesler] | 77 |
| Other Works by the Editor | 79 |

# Preface

The purpose of the *Ohio Valley German Biographical Index* (*OVGBI*) is to provide access to several major German-American histories, biographical directories, and indexes. The geographical focus is on the Ohio Valley with particular emphasis on the tri-state region of Ohio, Indiana, and Kentucky. Occasionally, though, German settlers in other regions are listed as well. Altogether a total of 3,754 names are indexed here.

The index is arranged alphabetically, and after each name a symbol will be found which refers to the work, or works, where that paticular name is listed. The amount of information varies from extensive biographical articles, biographical notices, obituaries, to brief references. The *OVGBI* facilitates access to these sources, and provides biographical indexing on a geographical scale for the German element in the area which is nowhere else available.

Non-German names in the sources indexed, were excluded from this index. Among the non-German names excluded were some amusing examples, such as Jefferson Davis, Napoleon Bonaparte, or Daniel Boone.

The editor would here like to express a special work of gratitude to Mr. Thomas Winter, graduate student at the History Department of the University of Cincinnati, for his invaluable research assistance in the preparation of this index.

It is hoped that this work will be of assistance to all those who are interested in locating biographical references to German-Americans in the Ohio Valley. Since the Ohio Valley was a major destination and distribution point for German immigration and settlement, this index will be of use with regard to all those who have some connection to the Valley. It will also be of particular value to researchers interested in those rural and urban areas which were settled by German-Americans who came from the Greater Cincinnati area, such as Lawrence County, Tennessee; New Ulm, Minnesota; Guttenberg, Iowa; Teutopolis, Illinois; and Oldenburg, Indiana.

Don Heinrich Tolzmann

University of Cincinnati

Sources Indexed

Burgheim, Max. *Cincinnati in Wort und Bild*. Cincinnati: M. & R. Burgheim, 1888.

Klauprecht, Emil. *Deutsche Chronik in der Geschichte des Ohio-Thales und seiner Hauptstadt Cincinnati ins Besondere ....* Cincinnati: G. Hof & M. A. Jacobs, 1864.

Smith, Clifford Neal, ed. *Early Nineteenth-Century German Settlers in Ohio (Mainly Cincinnati and Environs), Kentucky, and Other States: Parts 1-3*, German-American Genealogical Research Monograph Number 20. McNeal: Westland Publications, 1984.

Tenner, Armin. *Cincinnati Sonst und Jetzt*. Cincinnati: Mecklenburg und Rosenthal, 1878.


Abbreviations used:

| | |
|---|---|
| Max Burgheim | (B) |
| Emil Klauprecht | (K) |
| Clifford Neal Smith | (S I, II, III) |
| Armin Tenner | (T) |

Aaronburg, -- (K)
Abel, -- (K)
Abele, Friedrich (S III)
Abt, -- (K)
Ackermann, Georg (S II)
Ackermann, J. Th. (S III)
Adae, -- (S III)
Adae, C. F. (S I, T)
Adams, Franz (S II)
Adler, Henry (S II)
Adleta, Martin (S II, III)
Ahlborn, Wilhelm (S I)
Ahlering, Hermann H. (S I, II)
Ahlering, Johann F. (S II)
Ahlering, J. S. (S I)
Ahlers, -- (T)
Ahlers, Conrad (S II)
Ahlers, Franz (S II)
Ahlers, John (S II)
Ahrens, John G. (S I)
Albecker, Karoline (S II)
Alberts, Heinrich (S III)
Albrandt, J. H. (S I)
Albrecht, Andreas (S II)
Albrink, J. C. (S III)
Alexander, -- (T)

Alexander, George (S II)
Alexander, Heinrich (S I, III)
Alexander, Jacob (S III)
Alf, Wilhelm (S III)
Algir, Christian (S III)
Alich, John Adam (S I)
All, Jacob (S III)
Allmann, Philipp (S III)
Alms, -- (B, T)
Alms, August (S I)
Alt, Johann Gerhard (S I, II)
Alter, Abraham (S III)
Alter, Friedrich (K)
Altman, W. (K)
Amann, Johann Felix (S I)
Amburgh, -- (T)
Amen, -- (K)
Amis, -- (K)
Ammann, Daniel (S II, III)
Ammann, Johann Felix (S III)
Ammann, Philipp (S II)
Anderegg, -- (T)
Anderegg, John (S II)
Andregg, Johann (S III)
Andrews, Benjamin (S III)
Andriessen, Arnold (S III)

Ange, -- (K)

Annaberg, --, Dietsch von (S II)

Anschuetz, Carl (S I)

Anschuetz, Georg (K)

Argebrecht, Philipp (S III)

Aring, Georg H. (S III)

Arndt, C. (S III)

Arnot, Thomas (S III)

Arntzen, Bernard (S III)

Artmann, Franz (S I, III)

Ashmun, --, Dr. (S II)

Attermeier, Henry (S I)

Attermeyer, Heinrich (S III)

Attinger, Johann (S III)

Auf Dem Kamp, Karl (S I)

Aufterheide, -- (T)

Augustus, Jakob (S III)

Aull, Jacob (S I, III)

Auperle, David (S III)

Aupperle, David (K, S II)

Ausmus, Johann (S II)

Ausmus, Peter (S II)

Austerlitz, -- (B)

Autenheimer, Friedrich (K, S II)

Autenheimer, Johann A. (K)

Autenrieth, -- (B, T, S III)

Auth, Nicolaus (S I)

Averbeck, Fr[iedrich?] (S II, III)

Awl, Jacob (S III)


Baader, Martin (S III)

Bach, Georg (S I, II)

Bachmann (aka Baughmann), Abraham (S II)

Backer, David (S III)

Backhaus, Carl (S III)

Badin, --, Rev. (S III)

Baecker, -- (K)

Baenninger, Salomon (S II)

Baenziger, Conrad (S II)

Baer, Abraham (S II)

Baer, Elisabeth (S II)

Baermann, Fridolin (S III)

Baermann, Georg (S III)

Baeumler, Joseph (K)

Bahmann, Friedrich (S II, III)

Bahlmann, -- (T)

Baker, -- (T)

Baker, David (S I)

Balke, -- (B, T)

Ball, Adam (S II)

Ball, Wilhelm (S II)

Ballauf, -- (T)

Ballauf, Louis (S II)

Ballauf, Ludwig (S II)

Ballenberg, -- (T)

Ballinger, Georg (S III)

Balmer, Jakob (S II)

Bamberger, -- (T)

Bandermann, -- [see Vandermann] (S III)

Bandle, -- (T)

Bandon, --, Rev. (S III)

Bangert, Wilhelm (S III)

Bantlin, -- (B, T)

Baraga, Friedrich (S I)

Bardes, -- (T)

Bardes, Heinrich (S III)

Bardes, Henry (S II)

Barre, Georg la (S III)

Bartel, Adam (S I)

Barth, -- (T)

Barth, Heinrich (S II, III)

Barus, Karl, Professor (S III)

Barwick (Barwig), Martin (S I)

Bast, Johann (S I, III)

Bauer, Jacob (S III)

Bauer, Johann (S I)

Bauer, Johann Conrad (S I, II)

Bauer, Johann Gottfried (S I)

Bauer, John (S II)

Bauer, John C. (S III)

Bauer, Michael (S II, III)

Baughman (aka Bachmann), Abraham (S II)

Baum, -- (T)

Baum, Georg (S I)

Baum, J. C. (S III)

Baum, John C. (S I)

Baum, Martin (K, S III)

Baumann, Johann (S III)

Baumann, M. (S III)

Baumann, Margaretha (S I)

Baumann, Martin (S III)

Baumann, Michael (S II)

Baumgaertner, Carl (S III)

Baumgaertner, Friedrich (K, S II)

Beard, Robert (S III)

Bebinger, Abraham (K)

Bebber, Jacob (K)

Bebber, Mathias (K)
Bebber, Rhoda (K)
Bech, Karl F. (S III)
Bechly, Georg (S III)
Bechtle, Heinrich (K)
Beck, -- (T)
Beck, Johann (S I, II)
Beck, John (S II)
Beckenhaupt, Johann (S II, III)
Becker, -- (S III)
Becker, --, Captain (K)
Becker, August (S I, II)
Becker, Carl (K)
Becker, C. F. (S III)
Becker, Christian F. (S I)
Becker, Heinrich (S II)
Becker, Johann C. (S I, III)
Becker, John (S I)
Becker, Joseph (S I)
Becker, Michael (S II)
Becker, Wilhelm (S II, III)
Beckmann, August (S I)
Beckmann, Heinrich (S II, III)
Bedder (Vedder?), Joseph (S I)
Bedel[l], David (S III)
Bedinger, George M., Major (K)

Beekmann, -- (S III)
Beesten, Joseph (S II, III)
Behm, --, Rev. (K)
Behnam, Joseph S. (K)
Behringer, Mathias (K)
Behrle, Friederich (S III)
Beid, Michael (S II)
Beil, Georg (S III)
Beile, C. F. (S II)
Beinbrecht, Friedrich Wilhelm (K, S II)
Beiser, Andreas (S I)
Beitmann, Carl (S I)
Belser, Carl (S II)
Belser, Carl Friedrich (S III)
Belser, Georg (K)
Belser, John (S II)
Belser, Karl Friedrich (S I)
Belser, Simon (K)
Belser, Wilhelm F. (S I)
Bender, -- (S II)
Bender, --, Mrs. (S II)
Bender, Wilhelm (S I)
Benner, Christian (S III)
Benner, Heinrich (S III)
Benner, Michael (S III)

Bennett, --- (S III)
Benninger, Fried[rich] (S III)
Benninger, Martin (K, S III)
Benkendorff, Oswald (von) (S I)
Benschoden, Cornelius (S II)
Benz, Franz (S III)
Bepler, -- (T)
Bepler, Eduard (S II)
Berger, Peter (S I, III)
Bergmann, Johann Ahrend (S I)
Berling, Hermann Heinrich (S II)
Berley, Friederich (S III)
Berte, J. H. (K)
Bertens, -- (K)
Bertsch, John (S I)
Bescher, Phillip (S I)
Beschong, Johannes (S III)
Best, Adam (S II, III)
Bethake, -- (S III)
Bettmann, M. (S III)
Bettmann, Moritz (S II)
Bettmann, Peter (S II)
Betz, Heinrich (S III)
Betz, Matthias (S I)
Betzer, Conrad (S III)

Betzner, Anton (S III)
Beutel, Wilhelm (S III)
Beyer, Anna (S III)
Beyer, Elisabeth (S III)
Beyer, Eva (S III)
Beyer, Friederich (S III)
Beyer, Hannah (S III)
Beyer, Jakob (S III)
Beyer, Johannes (S III)
Beyer, Katharina (S III)
Beyer, Konrad (S III)
Beyer, Ludwig (S III)
Beyer, Margaretha (S III)
Beyer, Maria (S III)
Beyer, Rebekka (S III)
Beyer, Rosanna [or Risna], nee Kern (S III)
Beyer, Susanna (S II)
Beymer, Georg (K)
Beymer, Simon (K)
Bick, Bernhard (S III)
Bick, Bernhard (S I)
Bickenheuser, Philipp (S III)
Biddenbach, Matthäus (S III)
Bieber, Nicolaus (S I)
Biedenbender, -- (T)

Biedenharn, Heinrich (S III)
Biedinger, -- (T)
Biedinger, Peter (S I)
Bieler, Heinrich (S I, III)
Biemer, Heinrich (K, S II)
Biere, -- (S III)
Bier, F. W. (S III)
Biermann, August (S I)
Bierstadt, Albert (S I)
Bietner, Daniel (S III)
Bilderbach, -- (S III)
Bilderbach, Karl (K)
Bilderbach, Jakob (K)
Bilderbach, Ruhama (K)
Bill, Johann (S III)
Billau, Adam (S I)
Billigheimer, Joseph (S I)
Billing, Michael (S I)
Billiod, -- (K)
Billiods, Friedrich (S II)
Binker, Anton (S III)
Binns, Karl (S III)
Bishop, Phoebe (S II)
Bixler, Abraham (K)
Bixler, Adolph (S III)
Blaase, Mathias (S I)

Black, Michael (S III)
Black, Peter Paul (S I)
Blaeser, Johann Peter (S II, III)
Blankenhorn, Heinrich (S III)
Blass, Adelia (S II)
Blass, Johann Georg (S II)
Blass, Peter (S II)
Blechinger, Joseph (S II)
Bleker, Johann (S III)
Blenker, -- (S III)
Blesi, Samuel (S III)
Blessing, Jakob (S III)
Blessing, Michael (S II)
Blest, Samuel (S II)
Bleuler, Adolph (S II)
Bley, -- (S II)
Bley, Anton (S II)
Bley, Wilhelm (S II)
Bloebaum, -- (S II)
Bloebaum, Carl Friedrich (S I, II)
Blum, Friedrich (S I)
Blum, Friedrich (S I)
Blum, Friederich (S III)
Blumenbach, -- (S III)

Bochius, Wilhelm (S III)
Bode, -- (B)
Bode, Gerhard Wilhelm (S I)
Bodemer, -- (T)
Boden, Andreas (K)
Bodmann, -- (S II)
Bodmann, Carl (S II)
Bodmann, Ferdinand (S I, II, III)
Bodmann, Georg (S II)
Bodmann, Laurette Louise (S II)
Bodmann, Louis C. (S II)
Boebinger, -- (K)
Boebinger, Margaretha (S II)
Boeblinger, Abraham (S II)
Boeblinger, Johann (S III)
Boehmer, Albert (S I)
Boehning Clara (S III)
Boellner, J. H. (S III)
Boellner, Johann H. (S I)
Boeres, Heinrich (S III)
Boesel, Carl (S III)
Boesel, Charles (S I)
Boetticher, Julius (S III)
Bogen, Georg (S III)
Bogen, P. (K)

Bogen, Peter (S III)
Bogen, Q. (K)
Boggs, -- (K, S III)
Boegtly, -- (K)
Boehler, -- (K)
Bohl, Robert (K)
Bohlaender, Conrad (S II)
Bohling, Heinrich (S II)
Boemeler, -- (K)
Bohm, -- (T)
Bohrer, Georg A. (S III)
Bolaus, David (S III)
Bolmer, Christian (S II)
Bolton, -- (S III)
Bolzius, -- (S III)
Bomann, -- (T)
Bonge, Karl (Carl) von (K, S II)
Bonnet, Johann (S II)
Bonnhorst, Major C. von (K)
Bonte, -- (K)
Boone, -- (S III)
Borger, Friedrich (S II)
Borgholthaus, G. W. (S III)
Bos, Hans (S III)
Bosinger, Conrad (S II)

Boss, Christian (S III)
Boss, Daniel de (S III)
Bossinger, Benjamin (K)
Bouche, C. P. (S II)
Boudinot, Elias (K)
Bouquet, Heinrich (K)
Bouquet, Peter (S III)
Bour, Nicolaus (S I)
Bowyer, Lewis [Ludwig Beyer] (S III)
Boyer, -- (S III)
Boyer, Chatrina (S III)
Boyer, Elisabeth (S III)
Boyer, Jakob (S III)
Boyer, Lewis (S III)
Boyer, Ludwig (S III)
Boyer, Maria (S III)
Brachmann, -- (T, S III)
Brachmann, Heinrich (K, S II, III)
Brachmann, Henry (S II)
Brackenück, Gottlieb (S III)
Bradenbach, Michael (S II)
Bramsche, -- (B)
Bramsche, Georg F. (S I, III)
Brand, -- (T)
Brandt, Karl F. (S I)
Brandt, Philipp (S III)
Bratz, Johann (S II)
Brauer, -- (K)
Braun, Ferdinand (S I)
Braun, Gottlieb (K, S II)
Braun, Johann (S III)
Braun, Johannes (S III)
Braunschweig, John M. (S I)
Braunstein, Franz X. (S I, II)
Brecht, August von (S I)
Breckwede, August (S II)
Brehm, Andreas (S I, III)
Brehm, Georg (S II)
Breigel, Jakob (S III)
Breinl, Wenzel (S III)
Breitkopf, -- (S III)
Bremer, Ernst (S II, III)
Brengelmann, B.H. (S I)
Brentlinger, Daniel (S II)
Bretthauer, Heinrich (S I)
Brey, Georg (S I)
Bricka, Gottfried (S II, III)
Brigel, -- (T)
Brigel, Barbara (S II)
Brigel, John B. (S II)

Brill, Georg (S I, II)
Brill, Johann (Senior) (K, S II)
Bringemann, Hermann (S II)
Brink, J. (S III)
Britting, -- (S III)
Brockmann, Bernhard (S I)
Brockmann, J. H. (S III)
Brockmann, Johann Hermann (S II)
Brodbeck, Conrad (S III)
Brodbeck, Jacob (S II)
Broderick, Samuel (S III)
Brossmer, Elisabeth (S III)
Brown, -- (S II)
Brubacher, Isaak (S III)
Bruck, Valentin (S I)
Brueckmann, -- (T)
Brueckmann, John C. (S II)
Brueggemann, August (S II, III)
Bruehl, -- (B, T)
Bruehl, --, Dr. (S II)
Bruehl, Gustav (S I)
Bruener, Theodor (S III)
Brummer, Johann B. (S I, II)
Bruns, Heinrich (S I)

Bruns, Heinrich, Joseph (S III)
Brunst, Peter (S II, III)
Brunswick, -- (B, T)
Brunswick, John M. (S I)
Brunswick, M. (S II)
Bruyn, Bernard de (S III)
Bubritt, Johan (S III)
Buchwalter, Anton (S III)
Buchwalter, Joseph (S III)
Buchwalter, Wilhelm (S III)
Budde, Heinrich Wilhelm (S III)
Bueche, Friedel (S I)
Buergler, -- [Karl von Schmidt-Bürgeler] (S III)
Bruening, -- (T)
Bubritt, Johann (K)
Budde, H. (S II)
Buehmann, J. H. (S II, III)
Bueler, -- (K)
Buening, -- (S II)
Buergeler, -- (K)
Buerckle, Franz Xavier (S I)
Buerkle, Johann G. (S I)
Buerkle, Maria Anna (S II)
Buettner, -- (K)
Buff ? (Buss ?), Jacob (S II)

Buhr, Joseph (S I)
Buhr, Peter (S III)
Bulge, C. (K)
Bull, -- (S III)
Bulloch, Archibald (S III)
Bultmann, C.F. (S I)
Bumiller, Theodor (S III)
Bunte, -- (S II)
Bunte, J. H. (S III)
Bunte, Johann H. (S I)
Bunty, Billy (S III)
Buntz, Georg (S III)
Buntz, Heinrich Ludwig (S III)
Buntz, Urban (S III)
Burckhardt, Johannes (S III)
Burget, Jacob (Jakob) (K, S II)
Burkhardt, -- (B,T)
Burkhardt Andreas (S I, III)
Burckhardt, Charles (S I, III)
Burkhardt, Joseph (S III)
Burkard, F. Joseph (S I)
Burkart, F. X. (S I)
Burkhalter, Christian (K)
Burkmeyer, Conrad (S III)
Burkmeyer, Johann (S III)
Busch, -- (S III)

Busch, Johannes (S III)
Busch, Michael (S III)
Busche, Franz X. (S II)
Busche, Karl (S II)
Buschle, -- (T)
Buschle, Franz X. (S III)
Buschle, Friedrich (S II)
Buss ? (Buff ?), Jacob (S II)
Busse, -- (T)
Busse, Joseph (S I)
Buten, Herrman Bernard (S III)

Cammerhof, -- (K)
Campbell, Conrad (S II)
Cancer [see Kanzer] (S III)
Carle, Conrad (S I)
Carpenter [see Zimmermann] (S III)
Carr, David (S III)
Cartwright, Joseph (S II)
Cassat, -- (S II)
Catcher [see Faenger] (S III)
Charlotte [see Scharlot] (S III)
Chateaubriand, G. G. von (S I)
Chickering, -- (S III)

Chisholm, Thomas (S III)
Christ, Heinrich (S II)
Christian, Wilhelm (K)
Claasen, -- (T)
Claasen, Claas (S II)
Claasen, Wolbert (S II, III)
Claassen, Claas (S III)
Clasheide, Henry (S I)
Claypoole, -- (S III)
Clemen, --, Rev. (K)
Clemens, Joseph (S III)
Clime, -- (S III)
Clime, Martin (S III)
Clostermann, -- (T)
Cobia, Daniel (S III)
Cobia, Franz (S III)
Cobia, Michael (S III)
Cochran, Elisabeth (S III)
Cockerell, Peter (S III)
Coenzler, Joseph (S I)
Coffinbury, -- (S II)
Colemann, John (S III)
Collett, Johann (S III)
Collett, Josephus (S III)
Collins, -- (S III)
Colvy, -- (S III)

Conrad, Joseph (S III)
Conrad, Karl E. (S III)
Conrad, Ulrich (K)
Consoly, Hermann (K)
Constanz, Peter (K)
Cook, Anton (S II)
Cordesman, H. J. (S I)
Cordesmann, Heinrich Joseph (S III)
Corell, John (S II)
Cornelius, Theodor (S III)
Correll, Johann (S III)
Cotta, --, Baron von (S III)
Coude, Joseph (S II)
Courtright, Joseph (S II)
Craig (or Krieg), Andreas (S II)
Cramer, Christopher (S III)
Cramer, Joseph (S II)
Crone, -- (S III)
Crone, Marie (S III)
Cruger, Friedrich D. (S III)
Cunningham, James (S II)
Custer, Johannes (S III)
Cuthbert, Seth E. (S III)
Cuyler, -- (S III)

Daeuble, Georg (S I)
Daeuble, Johann Georg (S III)
Daeuble, John G. (S II)
Daller, Johann (S I)
Damme, -- (S III)
Dannenhold, Balthasar (S II, III)
Dannheimer, Christian (K)
Danzer, -- (K)
Daenzer, Georg (K)
Darr, -- (S II, III)
Darr, Joseph (S I, II)
Dater, Adam (S I, III)
Dater, Gebhard (S I, III)
Dater, Peter (S I, III)
Daum, Valentin (S III)
Davis, Fentin (S III)
Days, Michael (S II, III)
De Boss, Daniel (S III)
De Bruyn, Bernard (S III)
De Rymacher, --, Rev. (S III)
De Wolf, Joseph, Dr. (S II)
Debeno, Anton (S I)
Deck, Henry (S I)
Deck, Johannes (S I)
Deck, John (S II)

Deckebach, -- (T)
Deckebach, Fr[iedrich] (S II, III)
Deckebach, Georg (S II, III)
Decker, -- (S III)
Decker, Martin (S II)
Degenhardt, August (S II, III)
Dehaven, A. (S II)
Dehaven, Abraham (S II)
Dehaven, Jakob (S II)
Dehner, Daniel (S I)
Dehner, Georg (S III)
Dehner, Hilarius (S II, III)
Dehner, Peter (S III)
Deho, Wilhelm (S I)
Deie, John (S I)
Deierlein F. (S III)
Deierlein, Friedrich (S II)
Deierling, Jacob (S I)
Delabar, Anton (S II)
Delka, Johann (S III)
Demann, van [see Vandermann] (S III)
Dener, Peter (S III)
Dengler, F. X. (S I)
Denkler, -- (K)

Denman, -- (K)

Denmann, -- (S III)

Denmann, Mathias (K, S III)

Dennhof, -- (K)

Desel, Karl (S III)

Determann, Heinrich (S I)

Deters, Josephine (S II)

Detrosch, Susanna Elisabeth (K)

Dettgen (K, S II)

Dettmer, Bernhard (S I)

Dettmer, Dietrich (S I)

Deubner, Christopher (S III)

Devoss, Daniel (S III)

Dick, -- (S III)

Dick, Adam (S II)

Dickerhoff, Peter (S II)

Dickescheid, Wendel (S II)

Dickescheid, Wendelin (S III)

Dickhut, Friedrich Wilhelm (S III)

Dickins, Francis A. (S III)

Dickmann, Wilhelm (S I)

Diebold, Michael (S II)

Diebolt, Joseph (S I)

Dieckmann, Heinrich (S II)

Diedrich, Philipp (S III)

Diefenbach, Georg (S I, III)

Diehl (K)

Diehl, Jacob (S I, II)

Diehl, Johann (S III)

Diehm, Franz (S III)

Dieker, Anton (S I)

Diekman, Martin (S I)

Diekmann, Gerhard (S I)

Dierdorf, -- (K)

Dieringer, Coelestin (S II, III)

Dierksen, -- (S III)

Dierstein, -- (S III)

Dierstein, Martin (S III)

Dieskau, Augustus, Baron von (K)

Dietker, Anton (S III)

Dietrich, -- (S III)

Dietrich, C. (K)

Dietrich, Clemens (S II)

Dietrich, Michael (S II, III)

Dietsch, Theodor (K)

Dietsch von Annaberg, -- (S II)

Dilg, Adam (S II, III)

Dilg, Catharina, nee Spiess (S III)

Dilg, Christian (S III)
Dilg, Georg (S III)
Dilg, Heinrich (S III)
Dilg, Peter (S I)
Dill, Andreas (K)
Dill, Johann (K)
Dill, Robert (S III)
Dill, Thomas (S III)
Dilmann, --, Colonel (S II)
Dimmew, Jacob (K)
Dippel, Andreas (S II, III)
Dirksen, Catharina (S II)
Dischinger, Raymund (S I)
Diserenz, Friedrich (K, II)
Diss, F. G. (S I)
Diss, Franz Joseph (S III)
Distler, Johann Adam (S II)
Dittmann, Johann C. (K)
Dobbling, Friedrich (S I)
Dockstader, Nicolaus (S I)
Doebbelen, -- (K, S II)
Doebbeling, John F. (S I)
Doepke, -- (B, T)
Doepke, Ferdinand (S III)
Doerr, Carl (S I, III)
Doertzenbacher, Philipp (S III)

Domschke, -- (K)
Donners, Anton (K)
Donnersberger, -- (K)
Donnersberger, Anton (S I, II, III)
Donnersberger, Rosalie (S III)
Doppes, Johan Bernard (S III)
Doppler, Andreas (S I, II)
Dormann, -- (T)
Dormann, Friederich (S III)
Dorne, Christian (S I)
Dorrmann, Friedrich (S I, II)
Dorrmann, Friederich (S III)
Doerr, -- (T)
Dorsch, -- (T)
Doser, Johann (S III)
Dossmann, F. A. (S I, III)
Dowiat, -- (S III)
Dreher, --, Rev. Dr. (K)
Dreisbach, Johannes ("Vater") (S I)
Dreybach, -- (K)
Dreyfuß, Abraham (S II)
Dries, Gertrude (S III)
Dries, Heinrich (S III)
Driesbach, Daniel (K)

Driesbach, Johann (S III)
Driesbach, Martin (S III)
Driesbach, Wilhelm (S III)
Droppelmann, Johan Heinrich (S III)
Dross, Friedrich (K)
Drott, Johann (S III)
Dubois, -- (S III)
Duden, Gottfried (S II)
Duebel, -- (T)
Duebel, Andreas (S II, III)
Duemmich, Wilhelm (S III)
Duesterberg, -- (T)
Dufour, Daniel (K)
Dufour, Johann Jacob (K)
Dufour, Johann Franz (K)
Duhme, -- (T)
Duhme, Dietrich (S II)
Duhme, Hermann (S I, II)
Duhme, Hermann H. (S III)
Duhme, Herman Heinrich [Junior] (S II)
Duhme, H[erman] H[einrich], Senior (S II)
Dummich, Wilhelm (S II)
Durholt, -- (S III)

Durlach, -- (K)
Dus, Christian (S III)
Dusenberg, I. (K)
Dusenberg, W. (K)

Ebeling, Christoph Daniel (K)
Eber, -- (S III)
Eberhard, Franz (K, S II)
Eberle, Magdalena (S II)
Ebinger, -- (K)
Echert, -- (T)
Eckehardt, -- (S II)
Eckel, -- (T)
Eckelmann, Heinrich Bernard (S III)
Eckert, -- (T)
Eckert, Michael (S I, III)
Eckert, Valentin (S I, III)
Eckley, E. R. (K)
Eckstein, Friedrich (K)
Effinger, Johann Ignatz (S III)
Eggerlin, Karl (K)
Egly, Joseph (K, S I)
Egly, Joseph E. (S II)
Egner, -- (T)
Egry, W., Dr. (K, S I)

Ehlers, Louise (S III)
Ehmer, Joseph (S III)
Ehney, Eberhard (S III)
Ehrenfeit, Christoph (K)
Ehrenmann, Johann (S I, III)
Ehrenmann, Johannes (S III)
Ehrhart, Casper (S III)
Ehrhardt, H. S. (K)
Ehrmann, Albrecht (S I)
Eichenlaub, -- (K)
Eichenlaub, Franz (S II)
Eichenlaub, Georg Franz (S I)
Eichenlaub, Johann Jakob (S III)
Eichenlaub, Valentin (S I, II)
Eichert, -- (K)
Eichert, Franz (S II)
Eichler, Ludwig (S II)
Eilers, Johann (S II, III)
Eimann, Peter (K)
Eisel, M. F. (S I)
Eiselen, J. A. (S III)
Eisen, Anton (S II, III)
Eisenloh, --, Rev. (K)
Eiteljoerg, August (K, S II)
Elbert, Samuel (S III)

Eldison, Adelia (S II)
Elholm, Caesar August (K)
Ellerbrock, H. (S III)
Ellermann, Heinrich (S II)
Ellwanger (K, S II)
Elsass, -- (T)
Elsenheimer, J.G. (S I)
Elstner, Caspar (K)
Elting, August (S II)
Emerich, -- (K)
Emmert, F. L. (S I)
Emrich, -- (T)
Engbersen, John (S II)
Engel, Adam (S I, III)
Engel, Carl Louis (S II)
Engel, David (S II)
Engel, Franz (S III)
Engelhardt, -- (S II)
Engelhardt, Johann (S III)
Engelhardt, John (S II)
Engelke, -- (B)
Engler, Joseph (S II)
Enneking, Johann Bernard (S III)
Eppinger, H. (S III)
Eppinger, Henry (S I)

Erd, Ignaz Franz (S I)

Erhard, -- (S III)

Erich, August (K)

Erkel, -- (K)

Erkel, Daniel (S II)

Erkel, Heinrich (S III)

Erkel, Henry (S II)

Erckenbrecher, -- (B, T)

Erkenbrecher, Andreas (S I, III)

Ernst, -- (T)

Ernst, Andreas H. (K, S II)

Ernst, Hans Moritz (S III)

Ernst, Heinrich M. (K)

Ernst, Henry Moritz (S I)

Ernst, Johann (S III)

Ernst, Johann Zacharias (K)

Ernst, Zacharias (K, S II)

Ertel, Bernhard (S I)

Ertel, Daniel (S III)

Ertz, Franz (S II)

Eschmann, Gottlieb (S II)

Esman, -- (S I)

Esmann, Heinrich (S III)

Espel, Heinrich (S I)

Essman, Heinrich (K)

Ettwein, Bishop Johann (K)

Euchenhöfer, F. (S III)

Euchenhöfer, Friedrich (S II)

Euler, Simon (K, S II)

Eveslage, Joseph (S II)

Eversmann, Hermann H. (S I)

Eversmann, Peter (S III)

Eveslage, B. G. (S III)

Eveslage, Joseph (S I)

Ewen, William (S III)

Eyman, Carl (S II, III)

Faber, Jakob (K)

Fabler, Jakob (K)

Fabricius, -- (K)

Faehr, -- (T)

Faehr, Stephen (S II)

Faenger, Anton (S III)

Faesig, -- (S II)

Faesig, Maria, nee Leitner (S II)

Fahrbach, Gottfried (S II, III)

Fahs, Caspar (K)

Fais, Peter (S I, III)

Falke, -- (T)

Fallenbach, Joseph (S III)

Farbach, Gottfried (S II)
Farmer, Ferdinand (S III)
Farmer, Joseph (S III)
Farmer, Ludwig (S III)
Farrel, -- (S III)
Feberl, Jacob (S III)
Febriger, B. F. (K)
Fecorn, Fredrich (K)
Federspiel, August (S III)
Fegekorn, Friedrich (K)
Fegly, Caleb (K)
Fehr, Stephan, Captain (K)
Feick, Valentin (S I)
Feie, Gerhard B. (S II)
Feiertag, Georg (S II, III)
Fein, Georg (K)
Fein, Louis (S I)
Fein, Johann (K)
Feine, Andreas Wilhelm Carl, Professor (S III)
Feiss, -- (T)
Feldkamp, J. B. H. (S I)
Feldmann, -- (S III)
Feldmann, J. W. (S III)
Feldmann, Johanna (S III)
Feldmann, John W. (S II)

Felix, Franz (S I)
Fellebaum, George (K)
Feller, Johann (K)
Fellnagel, Julius (S II)
Fels, -- (T)
Fels, Medard (S I)
Fender, Anton (S II)
Fenel, Johann (S III)
Fenneberg, Fenner von (K)
Fenwick, Edward, Reverend (S II)
Fernauer, Johann (S III)
Ferneding, Joseph (S I, II)
Fesenbeck, -- (S II)
Fettweiss, C. L. (S III)
Fettweiss, C. Leopold (S III)
Fettweiss, Carl Leopold (S II)
Fettweiss, Leopold (S III)
Few, William (S III)
Fey, -- (T)
Fick, Friedrich (S I)
Ficke, Hermann (S I)
Fideldey, J. C. (S II)
Fieber, Johann (S I, III)
Fieber, Simon (S I, III)
Fiebich, -- (S II)

Fihe, John H. (S I)

Finger, Anton (S III)

Fink, Albert (K)

Fink, Johann (K)

Fink, Michael (K, S III)

Finke, -- (S II)

Finke, Heinrich (S I)

Finke, J[oseph] (S II, III)

Finley, Robert W. (S III)

Finzel, Georg (S I, III)

Fischer, Adolph (S III)

Fischer, Albert (S III)

Fischer, F. B. (S I)

Fischer, Georg (S III)

Fischer, Leo Degar (S I)

Fischer, Michael (S I, II, III)

Flach, Karl (S I)

Fleck, J. C. (S I)

Fleischmann, -- (B, K, S II)

Flinchbach, Heinrich (S I)

Flint, -- (S III)

Floerl, Johann (S III)

Flohr, Friedrich (S I)

Flohr, H. (S I)

Flora, A. (S III)

Floro, Joseph (S II)

Floto, -- (S III)

Foerster, Daniel (S I)

Follenius, -- (S II)

Folz, Carl (S III)

Folz, Charles (S I)

Fort, Arthur (S III)

Foss, Henry (S I)

Frandorf, Philip (S I)

Frank, -- (S II)

Frank, G. A. (S I)

Frank, Samuel H. (S I)

Frankenstein, Franz (K)

Frankenstein, Georg (K)

Franks, Jakob (S II)

Franzburg, -- (K)

Fratney, F. (S III)

Fredewest, Joseph (S III)

Fredewest, Rosalie, nee Donnersberger (S III)

Freeje, H. H. (S I)

Frei, -- (S III)

Frei, Friederich (S III)

Frei, Johann (S II)

Frei, Johannes (S II)

Frei, Maria (S II)

Freiberg, -- (B)

Freis, Joseph (S II)
Frenkel, Benedict (S I)
Frese, Joseph (S I)
Freund, Jacob H. (S I)
Frey, Johann (S I)
Frey, Johann Jacob (S I, III)
Frey, Ludwig (K, S II)
Frey, Ursus (K)
Freymuth, Johann Adam (S III)
Freymuth, Peter (S III)
Fricker, Jacob (S I, III)
Friedeborn, Emilie, nee Kröll (S II)
Friedeborn, Wilhelm (S II)
Friederich, Johann (S II)
Friedler, Johannes (S III)
Frierke, Franz (S I)
Frietzsch, -- (B)
Frintz, Georg (S III)
Frintz, Juliana (S III)
Frintz, Louis (S III)
Fritz, Johann (K)
Fritz, Johannes (S III)
Froebel, Julius (S III)
Froelking, Aug[ust] (S II)
Fromm, Balthasar (S III)

Fruehlingsdorf, J. W. (K, S III)
Fruehlingsdorf, Wilhelm (K, S II)
Fuchs, -- (S II)
Fuchs, --, nee Pfeifer (S II)
Fuchs, David (S III)
Fuchs, Friederich (S III)
Fuchs, Jacob (S III)
Fuchs, Robert (S II)
Fuchss, Jacob (S III)
Fuertner, Daniel (S III)
Fuesting, Victor (S I)
Fugman, Joseph (S I)
Fuhrmann, -- (T)
Fuhrmann, Friedrich (S II)
Fuhrmann, Valentin (S III)
Fuldner, -- (T)
Fuldner, John (S II)
Fullenweider, Peter (K)
Funk, Absalom (K)
Funk, Adam (K)
Funk, G. Georg (S III)
Funk, Jakob (K)
Funke, Carl Friedrich August (S I)

Funke, Wilhelm (S I)
Fussner, Johann A. (S II, III)

Gabriel, Hermann (S I)
Gaertner [Gardiner], A. (S II)
Gaertner, Heinrich (K)
Gagern, -- [von] (S III)
Galland, Caspar (S I)
Gallatin, Abraham Albert Alphons von (S II)
Gallinger, Jacob (S I)
Gamelin, Johann (S III)
Gangwer, Georg (S III)
Ganss ? [Gauss ?], Johann Augustus (S I)
Ganter ? [Gauter ?], Martin (S I)
Gardiner [Gaertner], A. (S II)
Garnett, -- (S III)
Garnett, Richard Brooke (S III)
Garnett, Robert Selden (S III)
Garnier, John B. (S I)
Garrard, Jephta D. (S II)
Gasche, Gott[lieb] (S II)
Gass, -- (S II)
Gassmeier, -- (K)

Gassner, Johann (S I)
Gast, Johann (K)
Gates, John (S III)
Gattier, Georg (S III)
Gault, Jakob (S III)
Gauss, Johann Augustus [see Ganss, Johann J.] (S I)
Gauter, Martin [see Ganter, Martin], (S I)
Geers, Hermann H. (S I)
Geib, -- (S III)
Geier, -- (T)
Geier, Franz (S III)
Geil, Georg L. (S III)
Geilfuss, Louis (S III)
Geilfuss, Ludwig (S I)
Geis, -- (T)
Geis, Adam (S I, III)
Geis, Christoph (S I)
Geisbauer, Carl (S III)
Geisbauer, Charles (S I)
Geise, Elizabeth (S II)
Geissler, Michael (S I)
Geist, Caspar (S I)
Geist, Heinrich (S II, III)
Gerding, -- (S III)

Gerhard, -- (K, S II, III)
Gerke, Johannes (S I, III)
German[n], J. B. (K, II)
Gersdorf, Frau von (K)
Gerstaecker, Friedrich (K, S II)
Gerstle, Friedrich Wilhelm (S I)
Gervers, Caspar Henry (S I)
Gervers, Johann (S II, III)
Gervers, John (S I)
Gerwe, --, Dr. (S II)
Gerwe, F. A. J. (S I)
Gerwers, Friedrich (S III)
Gerwig, --, Rev. (K)
Gescheid, Anton (S III)
Geschwindt [see Schwindt] (S III)
Gessert, -- (T)
Gessert, Heinrich (S I, III)
Gessert, Jacob (S II, III)
Gessner, Johann A. (S II)
Gest, Erasmus (S III)
Gettheim, -- (K)
Gettier, Georg (K)
Gessner, Johann A. (K)

Geyer, Johannes (S I, III)
Giese, -- (S II)
Giesse, -- (K)
Gilbert, Bernhard (K)
Gillon, Alexander (S III)
Girty, Simon (K)
Gist, Christopher (K)
Glaeser, J. C. (S III)
Glaser, Jacob (S I)
Glaser, Jacob Friedrich (S II)
Glass, Lorenz (S I)
Gleich, Balthasar (S III)
Gleich, Johann Friedrich (S I)
Glickhican, Isaac (K)
Glossner, Charles, Senior (S I)
Gmelin, -- (S III)
Gnann, Andreas (S III)
Gnann, Georg (S III)
Gnann, Jacob (S III)
Gockel, William (S I)
Gode, -- (K)
Goebel, -- (K)
Goebel, John (S I)
Goegg, -- (K)
Goepper, -- (K,T)
Goepper, Michael (S III)

Goepper, Michael (S I)
Goerke, Heinrich (S III)
Goeser, August (S III)
Goesling, -- (B)
Goetschius, -- (K)
Goettheim, F. B. (S II)
Goetz, Friedrich (S I)
Goetz, Gottlieb Friedrich (S I)
Goetz, Johann (S III)
Goetzinger, Andreas (S III)
Gohs, Johs. (K)
Gold, Georg (S I, III)
Goldenberger, J. (S II)
Goldsberg, Wilhelm (S III)
Goldschmidt, Leopold (S III)
Goldsmith, -- (T)
Goldsmith, Leopold (S I)
Gollinger, Friedrich (S I)
Gollinger, Friederich (S III)
Gollmer, Hugo (S III)
Goni, --, Knoop De (S III)
Goss, Johann (S II)
Goss, S. (K)
Gossard, Jakob (S III)
Gossard, Johannes (S III)
Gossard, Philipp (S III)

Gott, Heinrich A. (S III)
Gott, Henry A. (S I)
Graeff, -- (T)
Graf, David (S III)
Graf [Grof], Joseph (S II)
Grahn, -- (S III)
Gramhausen, Bernhard (S I)
Gramp, -- (B, T)
Gratz, -- (S III)
Gravenstein, Johann (S III)
Grauel, Gottlieb (S I)
Grautmann, C. F. (S I)
Gregy, Thomas (S III)
Greenland, Herrmann M. (S I)
Gregor, Christian (K)
Greiving, G. H. (S II, III)
Greubuehl, John (S I)
Greven, Johann B. (S II)
Greven, Johann H. (K)
Grever (B, T)
Grever, Franz (S III)
Grever, Franz A. (S I)
Grewe, Eduard (S I)
Grieme, Theodor (S I)
Gries, Michael (S II, III)
Griesbaum, Johann (S II)

Grimm, Franz (S II)
Grimm, M. (S II)
Grimm, Michael (S III)
Grimm, Jakob (K)
Grimmer, Andreas (S III)
Grob, Johann (K)
Grodhaus, G. P. (S I)
Groene, J. H. F. (S III)
Groene, P. H. F. (S I)
Groenland, Herrmann M. (S I)
Grof [Graf], Joseph (S II)
Gronau, -- (S III)
Groneweg, -- (T)
Groneweg, Friederich (S III)
Groning, Johan (S III)
Gros, Philip (S I)
Gross, -- (S III)
Gross, Andreas (K, S II)
Gross, Christoph (S I)
Gross, Magnus (K)
Gross, Philipp (S III)
Grossius, -- (T)
Grossmann, Elisabeth (S III)
Grotenkemper, -- (B)
Grubb, -- (S III)
Grubb, Jakob (K)

Grube, Bernhard Adam (K)
Grube, Leonhard Adam (K)
Gruber, Carl (S III)
Gruber, Christian (S III)
Gruber, Georg (S III)
Gruber, Johann (S III)
Gruber, Karl (S III)
Gruen, -- (K)
Grueninger, -- (T)
Gruesser, Wendel (S II, III)
Grundy, Joseph van (S III)
Gruner, Auguste (K)
Gruener, J. R. (K)
Guelich, -- (K)
Guelich, Jacob (S I, III)
Guise [Guyse, Guysi], Carl Friedrich (S II)
Gunkel, -- (K)
Guth, Mathias (S I)
Guthmann, Peter (S III)
Guttermann, W[ilhel]m (S II)
Guyse, Carl Friedrich (S II)
Guysi, Carl Friedrich (S II)
Gwinner, Ernst (S I)

Haacke, -- (B)

Haarmeyer, -- (T)
Haas, Carl (S II, III)
Habekotte, J. G. F. (S III)
Habekotte, Johann G. F. (S I)
Haberfeld, Jacob (K)
Habersham, Joseph (S III)
Hackmann, -- (B, T)
Hackmann, Nicolaus Heinrich (S I)
Haehl, Jacob (S I, III)
Haerness, Joseph (S III)
Haertel, -- (S III)
Haeusler, -- (K)
Hafer, A. (K)
Hafer, Heinrich (K)
Hafner, Johann Adam (S I)
Hagedorn, Conrad (S II, III)
Hagedorn, Hermann (S I)
Hagemann, Adrian (K)
Hagen, -- (K)
Hagen, Georg (S II)
Hagen, Johann (John) Georg (S I)
Hagermann, Johann (S II)
Hagler, Adam (S III)
Hahn, Ab. (K)

Hahn, Michael (K)
Haldmann, -- (B)
Haldy, -- (B)
Hale, Jacob, see Hähl, Jacob (S I, III)
Halenkamp F. W. (S I)
Halker, Ferdinand (S I)
Haltenwerth, Jacob (K, S II)
Hammann, H. (S II)
Handmann, Friedrich (S I)
Hanhauser, Bernhard (S I)
Hanhauser, Jakob (S I)
Hanhauser, Johann (S I, III)
Hannawalt, Johann (S III)
Hans, Johann (S I)
Hanselmann, C[hristopher] F[riedrich] (K, S II, III)
Hanselmann, Carl (K)
Hanselmann, E. F. (K)
Hanselmann, Franz C. (S II)
Hanselmann, Friedrich C. (S I)
Hanselmann, Heinrich J. (S II)
Hanselmann, Jakob (K, S III)
Hanselmann. Johann B. (S II)
Hanselmann, Julia H. (S II)
Hanselmann, Karl (K, S III)

Hanselmann, Louis E. (S II)
Hanselmann, Louise M. (S II)
Hanselmann, Wilhelm (S II)
Hansen, Elias (S III)
Hanser, Elias (S III)
Harding, Robert (S III)
Hare, Eberhardt (S III)
Harff, -- (T)
Hargus, John (S III)
Haring, Haor (S III)
Harlammer, -- (S II)
Harmar, -- (S III)
Harnold, Jacob (S I)
Harris, Samuel (S III)
Harsch, Andreas (S II)
Harsch, Jakob (S II)
Harsch, Simeon (S II)
Harsinger, Samuel (S III)
Hart, Elise (S II)
Hart, Joseph (S II)
Harter, Elisabeth (S II)
Harth, M. (S II)
Hartke, Johann Gerhard (S II)
Hartleb, Carl (S III)
Hartlieb, Carl (S II)
Hartmann, -- (K, T, S II)
Hartmann, Friedrich Wilhelm (S II)
Hasler, Jacob (S II)
Hassaurek, Friedrich (B, K, T, S III)
Hasse, Wilhelm (S I)
Hasselbeck, -- (K)
Hauck, -- (B, T)
Hauck, Bartholomaeus (S II, III)
Hauck, John (S I)
Hauck, N. (S II)
Hauer, Michael (S II)
Hauff, -- (S III)
Haug, Jacob (S I, III)
Haus, Andreas (K)
Haus, Johann (K)
Hauser, --, Rev. (K)
Hauser, Elias (S III)
Havekotte (K, S II)
Hayes, -- (S III)
Hechinger, Joseph (K, S I, II, III)
Hechlin, Justine Karoline (S III)
Hecht, Jacob (S I)

Heck, Friedrich (S II)

Heck, Georg (S II)

Heck, Gerhard (S II)

Heckel, Johann (S III)

Heckel, Melchior (K)

Hecker, -- (S III)

Hecker, Friedrich (K)

Hecker, Jonas (K)

Heckeren, Jonas (K)

Heckert, H. F. (S III)

Heckert, Henry F. (S II)

Heckewelder, Johann (K)

Heckewelder, Johanna Maria (K)

Heckewelder, Marie nee Seyrs (K)

Heckewelder, Sarah (K)

Heckewelder, Pierson (K)

Heckewelder, Thomas (K)

Heckmann, Peter (S II)

Heckrodt, M. A. (S III)

Heemann, Friedrich (S II)

Heemann, Friederich (S III)

Heer, Bartholomäus von (S III)

Heer, Jacob (K)

Hefley, --, Mr. (K)

Hehemann, W[ilhel]m (S II)

Hehr, Georg (S II)

Hehr, Philipp (S III)

Heibert, Isaak (S I)

Heid, Jacob (S I)

Heidacker, Eberhardt H. (S I)

Heide, Joseph von der (S III)

Heidelberg, E. (K)

Heidt, Georg (S III)

Heil, Philipp (S II)

Heilers, Johann (S II)

Heilmann, Michael (S I)

Heim, Wilhelm (S III)

Heimann, Gerhard (S III)

Heimbach, Johann Adam (S I)

Heimbach, John (S II)

Heimbuch, Caspar (S I)

Heimann, Ludwig (K)

Hein, -- (S III)

Heine, David (S II)

Heinecke, Carl (S III)

Heines, Andreas (S III)

Heines, Friedrich (S III)

Heinrichsdorf, -- (T)

Heinrichshoven, Wilhelm (S II)

Heinsheimer, J. H. (S II)

Heintz, Nikolaus (S II)

Heinzen, [Karl Friedrich] (K)
Heissler, Peter (S III)
Heister, -- (T)
Heitbring, Adam H. (S II)
Heitbrink, Adam (S III)
Heitmann, Franz H. (S II)
Heitmann, H. (S III)
Held, Georg (S I)
Helfenstein, Peter (K)
Helfferich, -- (T)
Helfferich, Francis (S I)
Helfferich, Franz (S III)
Hellebusch, B. H. F. (S II)
Hellebusch, Clemens (S III)
Heller, Georg (S III)
Heller, Georg Vincent (S III)
Heller, Jacob (S III)
Hellman, -- (T)
Helm, Captain Leonhard (K)
Helm, Johannes (S I)
Helmich, W[ilhel]m (S II)
Helmig, Wilhelm (S III)
Helmkamp, Christopher H. (S II)
Helms, Johannes (S III)
Heman, -- (T)
Hemann, -- (S III)

Hemann, Joseph Anton (K, S I, II, III)
Hemmelgarn, -- (S II)
Hemmelgarn, Heinrich (S I)
Hemmerle, Jakob (S III)
Henar, G. (S I)
Henner, Jacob (S I)
Henness, Wilhelm (S III)
Henni, Fr. John M. (K)
Henni, J. M. (S II)
Henni, Johann Melchior (S III)
Henochsberg, M. (S III)
Henochsberg, Moses (S II)
Henrici, C. H. (S III)
Henrici, --, Mr. (K)
Hensen ? [Heusen ?], Bernard (S II)
Henzler, Johann N. (S III)
Hernacourt, G. M. (S III)
Herancourt, Georg M. (S I)
Herbst, Felix (S I)
Herbstreit, Mathias (S I)
Her, Johannes (S II)
Here, Johannes (S III)
Hergenroether, Franz (S I)
Herlemann, Nikolaus (S II)

Herling, Carl (S I)

Hermann, -- (S II)

Hermann, Hatmaker (K)

Hermann, Johan (K)

Hermann, Maria (S II)

Herold, Andreas (S II, III)

Herold, Friedrich (S I)

Herold, Johann (S I)

Herold, John (S III)

Herr, Daniel (S III)

Herr, Eberhard (S III)

Herrick, Jakob (S III)

Herrmann, Friedrich (S II)

Herrman Georg (S III)

Herrman, Valentin (K)

Herrol, Georg (S III)

Hertel, -- (K)

Herz, Johannes (K)

Herzing, Phillip (S I)

Herzog, Friedrich (K, S II, III)

Herzog, Isaak (S III)

Hesing, Anton C. (S III)

Hessler, -- (T)

Hester, Franz (S III)

Hester, Heinrich (S III)

Hester, Maria (S III)

Hester, Philipp (S III)

Hetlich, C. F., Dr. (S II, III)

Hett, Mathias (K)

Hettmann, Adam (S II)

Heuck, -- (B)

Heuermann, -- (T)

Heusen, Bernard (S II)

Heybach, Carl (K)

Heydacker, Louis (S II)

Heyer, C. F., Dr. (S II)

Heyl, Christian (K, S I)

Heyl, Jacob (S II, III)

Heyl, Philipp (S III)

Heyl, Valentin (S I, II, III)

Heyne, Herman W. (S III)

Hickey, Thomas (S III)

Hildebrand, Elisabeth (K)

Hildebrand, Lorenz (K)

Hildreth, S. P., Dr. (K)

Hilemann (Heilmann), Michael (S I)

Hilgard, Theo (S I)

Hill, Calvin (S II)

Hiller, Johann Georg (S III)

Hillerecht, Alexander (S II)

Hillers, -- (S II)

Hillert, -- (T)

Hilsdorf, Henry (S III)

Hinnen, Emanuel (S II)

Hinsen, Heinrich (S III)

Hirn, Johannes (S III)

Hirn, Joseph (S III)

Hirsch [alias Justus Erich Bollmann] (K)

Hirsch, Anton (S I)

Hirs[c?]h, Seligmann (S III)

Hirschau, Samuel (S III)

Hirschauer, Phillip (S I)

Hobelmann, Friedrich August (K)

Hoberg, Hermann Ch[ristian ?] (S II)

Hoddy, Richard (S III)

Hoddy, Robert (S III)

Hoefer, Franz (S I)

Hoefer, H. G. (K)

Hoefer, J. G. (K, S III)

Hoefer, Nicolaus (S I)

Hoeffer, Barbara (S II)

Hoeffer, Franz (S II, III)

Hoeffer, Franz Georg (S II)

Hoeffer, Maria (S II)

Hoeffer, Maria Anna (S II)

Hoeffer, Martha (S II)

Hoeffer, Nicolaus (S III)

Hoeffer, Nikolaus (S II)

Hoeffinghoff, -- (B, T)

Hoefle, Elisabeth (K)

Hoeflich, Friedrich (K)

Hoehn, Heinrich (S I, III)

Hoelterhoff, Gottfried (S II)

Hof, -- (K, T)

Hof, Gustav (S II)

Hofacker, George (K)

Hoff, Friederich (S III)

Hoffmann, -- (S III)

Hoffmann, Abraham (S II, III)

Hoffmann, Adam (S III)

Hoffmann, G. C. (S III)

Hoffmann, Jakob (S III)

Hoffmann, Johann (K, S I, II)

Hoffmann, John (K)

Hoffmann, Julius (S II, III)

Hoffmann, Michael (S II, III)

Hoffmann, Philipp (S II, III)

Hoffmeister, -- (B, T)

Hoffmeister, Ferdinand (S III)

Hoffnagel, Johannes (S III)

Hoffner, Jakob (K)
Hofmann, --, Dr. (K)
Hofmeister, Wilhelm (S III)
Hofsuemmer, -- (K)
Hohenholz, -- (S II)
Holder, Gottlieb (S III)
Holdermann, David (S III)
Holland, Marie Pauline (S II)
Holle, Theodor (S II)
Hollenbeck, Martin (S I)
Hollenbeck, Wilhelm (S II)
Hollenkamp, Bernard (S I)
Hollenkamp, F. W. (S III)
Holler, Adam (S III)
Hollinger, Jakob (S II)
Holsteiner, George Michael (K)
Holster, Wilhelm (S II)
Holtzermann, Jacob D. (S I)
Holzendorf, Wilhelm (S III)
Holzermann, J. D. (S III)
Homan, -- (T)
Homann, Johann Baptist (K)
Honing, Frank (S II)
Honold, Dietrich (S III)
Hoppel, Andreas (K)
Hornberger, -- (T)
Hornberger, Friedrich (S I)
Hornberger, Friederich (S III)
Hornberger, John (S I)
Hornung, -- (S II)
Hornung, Adam (S II)
Horst, -- (T)
Horstmann, -- (S III)
Horwitz, -- (K)
Houston, John (S III)
Howe, Ernst (S II)
Howell, Philipp (S III)
Huben, Daniel von (S I, III)
Huber, Elisabeth (S III)
Huber, Franz (S II)
Huber, Franz L., Reverend (S II)
Huber, Fr. Franz L. (K)
Huber, Nicolaus (K)
Huber, Johann, Junior (S III)
Huber, Johann, Senior (S III)
Huber, Joseph (S I)
Huber, Wilhelm (S I)
Huber, Xaver (S I)
Hubert, George (K)
Hubinger, John F. (S I)
Huck, -- (S III)

Hudson, Anna Maria (S II)
Huedepohl, -- (T)
Huedepohl, Louis (S III)
Hueger, Francis (K)
Huermann, Heinrich (S II, III)
Huerman, Konrad (S I)
Huesmann, -- (K)
Huesmann, Friedrich (S I)
Huffnagel, Johannes (S III)
Hufnagel, -- (S III)
Hughes, Jaky (S III)
Hugo, H. L. (S III)
Hull, -- (S III)
Hummel, David (S II, III)
Hummel, Jakob (K, S III)
Hummel, Johann (S I)
Hundhausen, Friedrich (S II)
Huncke, O. M. (S III)
Hunecke, -- (B, T)
Hunsacker, -- (S II)
Huermann, -- (T)
Hurm, Wendel (S I)
Husman[n], Andreas (S I, II)
Husmann, Gerhard (S III)
Hust, Henry (S I)
Hust, Jacob (S I)

Hust, Jakob (S II)
Huth, Johannes (S III)
Huth, Nimrod (S III)
Huyning, Hendrik van (S II)

Ibach, Lorenz (S II)
Igo, -- (S III)
Igo, Ludwig (S III)
Igo, Paul (S III)
Igo, Wilhelm (S III)
Illig, Johannes (S I, III)
Illisch, Willfried (S III)
Ingham, Samuel D. (S III)
Innis, Harry (K)
Ipshording, A. (S II)

Jackmann, Johann (K)
Jacob, -- (B, K, T)
Jacob, Louis (S III)
Jacob, Louis, Senior (S I)
Jacob, Peter (S III)
Jacobi, Moritz (S II, III)
Jacobs, -- (T)
Jacobs, Carl C. (S III)
Jacobs, Charles C. (S I)
Jacobs, Daniel (S I)

Jacobs, Heinrich (S II)
Jacobs, M. (S III)
Jacobs, Peter (S I, III)
Jaeger, Georg (K)
Jaeger, George (K)
Jaeger, Peter (K)
Jaeger, Georg Heinrich (S I)
Jahn, F. L. (S III)
Jahnshausen (K)
Jakobs, -- (S II)
Jansen, Johann (S III)
Jansen, Martin (S I)
Jansen, Paulus (S III)
Jansen, Peter (S II)
Jansen, Richard (S III)
Janson, -- (T)
Jarhanns, Phillip (K)
Jauchzler, Jean (S II)
Jeck, -- (S III)
Jellilich von Buzim, Joseph, Graf (K)
Jenner, Johann L. Friedrich von (K)
Jenner, Peter (S I)
Jenni, Friederich (S III)
Jenny, Friedr[ich] (S II)

Jeup, J. P. (S III)
Joachim, -- (S III)
Joachim, Wendel (S II)
Jobson, Frank (S II)
Jobson, Louise, nee Kröll (S II)
Jockers, Johannes (S I)
Joeder, Peter (S III)
Joerg, Johann (S II)
Joergen, Johann (S II)
Joerger, Elisabeth (S II)
Johanningmann, Matthias (S I)
Johnston, John (S III)
Jones, Edward (S III)
Jones, John (S III)
Jones, Noble Wimberley (S III)
Jonge, Wilhelm (S III)
Jonte, Peter, (S II)
Jordan, G. H. (S I)
Jost, Jacob (S II)
Juegling, H. E. (S II, III)
Juengst, -- (B)
Juengling, H. E. (S II)
Jung, Daniel (S I, III)
Jung, Georg (S III)
Jung, Isaak (S III)

Jung, Johann (S I)
Jung, Michael (K)
Jung, --, Mr. (K)
Jung, N. D. (K)
Jung, R. D. (S II)
Jung, Thomas (S III)
Junge, Charles F. (S I)
Junge Franz Carl (S II)
Jungkind, Bernhard (S III)
Jungmann, Johann Georg (K, S I)
Junk, Thomas (S III)
Junker, --, Rev. D. (K)
Junker, Henry D. (S II, III)
Juppenlatz, Georg (K, S II)

Kabbes, Georg (S II)
Kaemmerer, Heinrich (S III)
Kaemmerling, Gustav (S III)
Kaesemann, Friedrich Wilhelm (S I)
Kahney, Kunigunde, nee Kessler (S II)
Kahni, Anton (K, S II)
Kahni, Johann (S II)
Kahny, Anton (S III)
Kaine, Hiram (K)

Kaiser, Franz Xaver (S I)
Kaiser, Johann (K, S II, III)
Kalisch, Isidor, Dr. (S II)
Kallendorf, Christian Dietrich (S III)
Kallendorf, Friedrich Wilhelm (S I, III)
Kallmeyer, Friedrich (S II, III)
Kalteisen, Michael (S III)
Kalthoff, C. F. (S III)
Kalthoff, Christian Friedrich (S II)
Kamann, Heinrich Philipp (S I)
Kammerer, J., Pastor (S II)
Kammerer, Jakob (S III)
Kampe, F.C. (S I)
Kanter, Edward (S I)
Kanzer, Conrad (S III)
Kapp, -- (K)
Kappel, Adam (S I)
Kappes, Gerhard (S III)
Karber, Carl (S III)
Karber, Charles (S I)
Karhoff, Catharina (S III)
Karrmann, Ferdinand (S II, III)
Karrmann, Wilhelm (S II)

Kartrecht, Joseph (S II)

Kassauer, Louise (S II)

Kastner, Adam (S III)

Kathmann, J. C. (S III)

Kathmann, Johann C. (S II)

Kathmann, Johann Clemens (S II)

Kattenhorn, J. C. (S III)

Kattenhorn, Johann Heinrich (S II)

Kattenkamp, -- (S II)

Kattmann, Bernhard (S I)

Kauder, Conrad (S III)

Kaufmann, -- (T)

Kaufmann, David (S III)

Kaufmann, Johann (S I, III)

Kauffmann, -- (B)

Kaul, Conrad (S II)

Kauther ? [Kanther ?], Philipp Jacob (S I)

Kautz, Philipp (S II, III)

Kayser, Franz Xaver (S I)

Keber, -- (B)

Kebler, John (S I)

Kebsheimer, Franz (K)

Kehl, Peter (S I)

Keil, Franz (S III)

Keimer, -- (T)

Keisel, Heinrich (S III)

Keisel, Katharina, nee Beyer (S III)

Keiser, Georg (S II)

Keitel, --, Dr. (S I)

Kelle, Johann (S III)

Keller, Heinrich (S II)

Keller, Jakob (S II)

Keller, Joseph (S II)

Keller, Philipp (S III)

Keller, Stephen (S I)

Kemmeter, John (S I)

Kempf, Bernard (S II)

Kempter, John (S I)

Kenning, -- (S II)

Kenton, Simon (S III)

Keppel, Heinrich (S III)

Keppler, Andreas (S II)

Keppler, Admiral Augustus (K)

Keppler, Georg (S III)

Keppler, Johann (S II)

Keppler, Johannes (S II)

Kern, Rosanna (S III)

Kern, Wilhelm (S III)

Kerns, Bernhard (S III)

Kerschner, Daniel (S III)
Kerschner, John (S III)
Kersting, Heinrich (S II, III)
Kessler, Carl (S III)
Kessler, Friedrich (K)
Kessler, Henry (S III)
Kessler, Joseph (S II)
Kessler, Kuniginde (S II)
Kessler, Hermann, Captain (K)
Kessler, Joseph (K)
Kettelher, Joachim (S III)
Keutz, Georg (S II)
Kiefer, Balthasar (S III)
Kienzel, -- (S III)
Kierstedt, Hans (S III)
Kilgore, George (S III)
Kilgore, Jakob (S III)
Kimbrick, Philipp (S II)
Kimmel, Johann (S III)
Kimmel, Joseph (S III)
Kinkel, Gottfried (K)
Kinkel, Wilhelm (K)
Kinker, Frank (S I)
Kinney [Koenig], Peter (S II)
Kinninger, Andreas (S I)
Kiney, -- (S II)

Kinser, Adam (S III)
Kirchhof, Ludwig (S II)
Kirchner, Franz Michael (S II)
Kirchner, Johann (S I, III)
Kirsch, Johann (S III)
Kirsch, Michael (S III)
Kirschner [see Kerschner; Kirchner] (S III)
Kistner, August (S I)
Kistner, Edward (S I)
Kitzl, Conrad (K)
Klaberg, Abraham (S II)
Klapf, John (S I)
Klauprecht, -- (S II)
Klausmeyer, August (S II)
Klausmeyer, Wilhelm (S II)
Klaymeier, John (S II)
Kleber, H. (K)
Klein, -- (B, T)
Klein, C. G. (S III)
Klein, Christian G. (S I)
Klein, Friedrich H. (K, S II)
Klein, Joseph (S I)
Klein, Martin (S III)
Klein, Michael (S I, III)
Klein, Philipp (S III)

Kleine, Bernard (S III)
Kleine, Daniel (S III)
Kleine, Friedrich (S I)
Kleine, Jacob (S II)
Kleine, Joseph (S I, III)
Kleiner, Fridolin (S II)
Kleiner, Meinrad (S II)
Kleinert, -- (S III)
Kleinschmidt, Ernst F. (S I)
Kleinschmidt, Jakob (S III)
Klemans, Johann (S III)
Klimper, Friedrich
Kling, Adam (S I)
Klingler, Joseph (S I, III)
Klinkhamer, Heinrich (S III)
Klinkhammer, -- (T)
Klinkhammer, Heinrich (S III)
Klocke, J. H. (S I)
Kloenne, J. H. (S I)
Kloepfer, -- (S III)
Kloepli, -- (S II)
Klostermann, -- (T)
Klotter, Georg Friedrich (S I)
Klotter, Georg, Senior (S I)
Klotter, Johann Philipp (S I)
Klotter, Phillip (S I)

Klueber, Joseph (S I, III)
Kluemper, Joseph (S III)
Kluntz, Georg (S III)
Klunz, Georg (S I)
Knabe, -- (T, S III)
Knabe, Albert (S I, III)
Knaebel, Georg L. (S II, III)
Knapp, Uzal (S III)
Knauber, Jacob (S II, III)
Kneisely, -- (K)
Kniphausen, -- (S III)
Knoblauch, Friedrich (K)
Knodel, Georg (S II)
Knoop, -- (S III)
Knyphausen, --, von (S III)
Koch, Adam (S III)
Koch, Anton (S II)
Koch, Bernard (S II)
Koch, Heinrich (S I, III)
Koch, Johann (S II)
Koch, Johann L. (S II)
Koch, John (S II)
Koch, John Adam (S I)
Koch, John D. (S I)
Koch, Louis (S II)
Koch, Maria (S III)

Koebel, Michael (S II)
Koegel, Andreas (S II)
Koehler, Christian (S I)
Koehler, Friederich (S III)
Koehler, Friedrich (S II)
Koehler, Gottfried (S I)
Koehne, Jacob (S I)
Koehne, Jann. (S III)
Koeninger, Philipp (S III)
Koehnken, Johann Heinrich (S I)
Koehuken, J. H. (S III)
Koenig, Ernst H. (S II)
Koenig, Johann G. (S I)
Koenig, Peter (S I, II)
Koenig, Valentin (S I)
Koeniger, Ph[ilipp] (S II)
Koerner, Veit (S II, III)
Koester [see Custer] (S III)
Knoop, -- (K)
Knoepfly, Peter (K)
Knorr, -- (T)
Knost, -- (T)
Koch, -- (T)
Koch, Jacob Gerhard (K)
Koenig, --, Dr. (K)
Kohler, Peter (S I, III)

Kohmescher, J. D. (S I)
Kohus, Johann (S II, III)
Kolb, C.M. (S I, III)
Kolb, Clemens (S II)
Kolb, Franz (S II)
Kolker, John H. (S I)
Konermann, Heinrich (S II)
Koo, Wilhelm Hermann Heinrich (S II, III)
Kopp, Georg (S III)
Kopp, Jakob (K)
Korell, Johann (S II)
Korte, Franz Heinrich (S I)
Kossuth, -- (S III)
Kossuth, Ludwig (K)
Kothe, --, Captain (S II)
Kothe, Johann A., Captain (K)
Kothe, Johann A. (S II)
Kottenbrock, Henry (S I)
Kotzebue, -- (K)
Koude, Joseph (S II)
Kraemer, Christian (S I)
Kraemer, Christopher (S III)
Kraft, Franz (S II, III)
Kraft, Johannes (S I)
Kraft, Peter (S III)

Krais, John (S II)
Kramer, -- (T)
Kramer, Adolph (S I, III)
Kramer, Heinrich (S III)
Kramer, Johann H. (S III)
Kramer, John (S II)
Kramer, Joseph (S II)
Kramer, Karl (S III)
Kramig, Franz (S I)
Kraus, -- (K)
Kraus, Wilhelm (S I)
Krause, David (S I)
Krause, Fanny, nee Kröll (S II)
Krause, Johann (S II)
Krauskopf, Ludwig (K, S II)
Krauss, Leonhard (S III)
Krautz, Jakob (K)
Krebs, -- (B, T)
Krebs, Adolph (S II, III)
Krebs, Christian (K)
Krebs, Otto (S III)
Kreider, Johannes (S III)
Kreider, Michael (S III)
Kreimer, -- (B)
Kreinhop, Johann H. (S II)
Kreitz, Johann M. (S III)
Kress, Heinrich (S II, III)
Kreutz, Louis (S III)
Kreutz, Ludwig (S II)
Kreutzburg, Ignatz (S I)
Kreuzner, --, Mr. (K)
Krieg (or Craig), Andreas (S II)
Krieger, John (S II)
Kroeger, Adolph E. (S II)
Kroeger, Johann Heinrich (S I)
Kroell, August (S I, II, III)
Kroell, Emilie (S II)
Kroell, Fanny (S II)
Kroell, Friedrich (S II)
Kroell, Henriette (S II)
Kroell, Lena, nee Morgan (S II)
Kroell, Louise (S II)
Kroger, B. (S I)
Krohn, -- (T)
Kroll, -- (T)
Kroell, --, Rev. (K)
Kronauer, Johannes (S III)
Kronenbold, -- (K, S II)
Kronlage, Heinrich (Henry) (S I)
Krueger, Friedrich D. (S III)

Krueger, Martin (S III)
Kruemberg, Theodor (S I)
Krug, Adam (S II, III)
Krug, Johannes (S III)
Krugmann, Peter W. (K)
Kruse, -- (T)
Kruse, Bernhard (S I, III)
Kruse, J. Friedrich (S I)
Kuegemann, -- (T)
Kuemmerlen, Elisabeth (S III)
Kuemmerlen, Johann Ulrich, Junior (S III)
Kuemmerlen, Johann Ulrich, Senior (S III)
Kuemmerlen, Justine Karoline (S III)
Kuenninger, Andreas (S III)
Kugler, -- (S II)
Kugler, --, nee Rosenbaum (S II)
Kugler, Christopher (S III)
Kuehbord, Conrad (S I)
Kuehne, -- (K)
Kuehnle, -- (K)
Kuehr, Johann Friedrich (S I)
Kufer, Daniel (K)

Kuerze, -- (B)
Kuhlenholter, Simon (S III)
Kuhlmann, Georg (S II, III)
Kuhlmann, J. H. (S III)
Kuhlmann, Johann Heinrich (S II)
Kuhn, Georg (S I)
Kuhn, Georg Michael (S I)
Kuhn, Rudolph (S I)
Kummerscheid, Nikolaus (S III)
Kundert, Fridolin (S I)
Kundig, -- (S III)
Kundig, --, Pastor (S II)
Kunkel, Johannes (S I)
Kurfiss, -- (S II)
Kurfiss, Ernst Friedrich (S I)
Kurfiss, Fr[iedrich] (S II)
Kurle, Johann Bern[h]ard (S II)
Kurre, H. H. (S I)

La Barre, Georg (S III)
Laage, Georg J. (S III)
Labner, Georg (K)
Lackman, -- (T)
Lackmann, -- (T, S II)
Lackmann, Hermann (S II, III)

Lackner, Elise, nee Mardian (S II)
Lackner, Joseph (S II)
Lademan, Josephine, Josephine, nee Uhrig (S III)
Lademann, Otto (S III)
Lahatt, Henriette (S II)
Lahmann, Heinrich (S III)
Lahmann, Joseph (S III)
Laist, -- (T)
Lamann, Joseph (S III)
Lamb, Wilhelm (S II)
Lambert, Cornelius (S III)
Lambert, Nancy G., nee Tates (S II)
Lambert, Wilhelm (S II)
Lammert, Joseph (S III)
Lampe, Friedrich (S I, II)
Lamping, -- (T)
Lanberg, J. M. (S III)
Landmann, Jacob (S I)
Landy, James (S II)
Lang, -- (B, T)
Lang, --, [Judge?] (S II)
Lang, Heinrich (S II)
Lang, Johann (S II, III)
Lang, Johannes (S III)
Lang, John (S II)
Lang, Ludwig (K)
Lang, --, Richter (S II)
Lang, Wilhelm, Richter (S II)
Lang, Wilhelm (S II)
Lange, -- (K, T, S II)
Lange, Christian (S I)
Lange, Johann Anton (S I)
Lange, Joseph H. (S I)
Lange, P. F. (S III)
Langenheim, Wilhelm (S II)
Langer, Amalia (S III)
Langhorst, -- (T)
Lantz, Johann (S III)
Laube, -- (T)
Laube, J. R. (S III)
Lauer, -- (S III)
Lauer, Baptizan H. W., Rev. (K, S II)
Lauer, Georg (S III)
Lauer, Peter (S I, III)
Launitz, E. (S I)
Laurens, -- (S III)
Laury, Lorenz (S III)
Lauther, Jacob (S I)

Lawton, Maria, nee Hoeffer (S II)
Ledley (Luedig), -- (S II)
Lehmann, Hermann, Dr. (S II)
Lehmann, Wilhelm (S III)
Lehre, Johann (S III)
Leib, Michael (S II)
Leibin, Georg (K)
Leibold, Johann (S I, II)
Leichtle, Peter (S III)
Leiner, Nikolaus (S II)
Leisler, Jacob (S III)
Leister, Jacob (S III)
Leister, Wilhelm (S III)
Leite, Johannes (S III)
Leitner, Gregor (K, S II)
Leitner, Maria (S II)
Lembke, -- (S III)
Leming, Joseph (S III)
Lemle, J. G. (S III)
Lenau, Mr. Nicolaus (K)
Lender, Friedrich (S I)
Lenzer, J. F. (S III)
Lenzer, Johan J[?]st (S II)
Leonard, -- (T, S III))
Leonard, Georg (S I)
Leopoldt, Johann Friedrich Wilhelm (S I)
Leopoldt, Wilhelm (S II)
Lepare, V. ? [B. ?] (S I)
Lesaint, Franz (S I)
Lessel, Peter (S I, II, III)
Letner, Gregor (K)
Leuch, Michael (S II)
Leucht, -- (S II)
Leuchtenberg, -- (S II)
Leuchtenburg, Johann F. (S III)
Leuchtweiss, August (S II, III)
Leuthaeuser, Heinrich (S III)
Leutze, -- (S III)
Lewis [Ludwig], Samuel (S II)
Lexow, Friedrich (S II)
Libeau, -- (S II)
Libeau, Carl (K)
Libeau, Franz (S III)
Licht, -- (T)
Licht, Jakob (K)
Licht, Jacob Heinrich (S I)
Lichtenberg, -- (K)
Lichtenstein, Isaak (S I)
Lieb, -- (S III)
Lieber, Francis (S II)

Lieberig, Johannes (S III)
Liebschuetz, Max (S II)
Liebschuetz, Marx (S III)
Liedel, -- (S II)
Lierle, Almina, nee Lane (S II)
Lierle, Johannes (S II)
Liese, Simon (S III)
Lilie, F. H. (S II)
Lilienthal, Max[imilian], Dr.
Limb, Christine (S II)
Lindauer, Heinrich (S III)
Lindemann, Ferdinand (S III)
Lindemann, Georg (S III)
Lindemann, Heinrich (S III)
Lindemann, Hermann (S II, III)
Lindemann, Karl Gotthilf (S III)
Lindemann, Philipp (S I)
Lindemann, Wilhelm (S III)
Lingo, Gerhard Heinrich (S II)
Link, Anton (S II)
Link, Frank (S III)
Linkenstein, Jacob (S II)
Linlberger, Israel (S III)
Linsenmeyer, -- (S II)
Linz, Georg (S III)
Lipfard, Jacob (S I)
Link, Anton (K)
Link, David (K)
Link, Franz, Major (K)
Link, J. (K)
Linke, Anton (K)
List, Ludwig (S III)
Litmer, -- (T)
Litmer, Caspar (S I)
Lobmiller ? [Lohmiller ?], Theodor (S III)
Loeb, Leopold (S I)
Loeffler, Georg (K)
Loeffler, Jacob Jr. (K)
Loehrich, J. (S III)
Loewenstein, August (S III)
Loge, -- (T)
Loos, John (S II)
Loretz, John (K)
Los, Carl (K)
Loth, -- (T)
Lott, Friedrich (S I)
Lotze, Adolph (S III)
Loewenstein, -- (T)
Lotz, Heinrich (S I)
Lotz, Peter (S I)

Lotze, Adolphus (S I)
Lowery, Lorenz (S III)
Lucas, Carl (K)
Luder, Jacob (S II)
Ludewig, Hermann G. (S II)
Ludlow, -- (S III)
Ludwig, Christopher (S III)
Ludwig, Gottfried (S I, III)
Ludwig, John E. (S I)
Ludwig, Peter (S II)
Ludwig (Lewis), Samuel (S II)
Luebbe, A. J. (S III)
Luedig (Ledley ), -- (S II)
Lueding, Jakob (S III)
Lueers (Luers), Johann Heinrich (John H.) (S I)
Luening, Joseph (S II)
Luening, Joseph (S II)
Luethi, Heinrich (S II)
Luft ? (Lust ?), Christoph (S I)
Luhn, Johann Heinrich (S III)
Luhn, Johann Wilhelm (S I)
Luhn, John William (S III)
Luhr, John Heinrich, Reverend (S II)

Luken, -- (K)
Luken, Josephine (S II)
Luckenbach, Rev. (K)
Lull, -- (S III)
Lunkenheimer, -- (B,T)
Lunkenheimer, Friedrich (S II, III)
Luther, -- (S III)
Lutz, Johann (S II)

Maag, Johann Friedrich Joseph (S II, III)
Maass, -- (T)
Mack, -- (T)
Mack, Heinrich (S III)
Mack, Hermann (S III)
Mack, Martin (K)
Mack, Michael (S III)
Macke, -- (T)
Macke, Franz Heinrich (S I)
Macke, H. H. (S I)
Mackentepe, Bernard (S I, III)
Mahei, Christine (K)
Maier, John (S I)
Main, Anton (S II)
Maltiz, Rudolph (K)

Mandery, Jacob (S I, II)
Mandler, Paul (S I)
Mangold, Adam (S III)
Manners, Mathias (S III)
Mansco, Kaspar (K)
Mansz, Louis (S II)
Mardian, -- (S III)
Mardian, Elise (S II)
Mardian, Maria (S II)
Mark, Bernard (S III)
Markbreit, -- (B, T)
Markgraf, F. (K)
Markley, Abraham (S III)
Marks, E. (S I)
Markus, -- (S III)
Marmet, -- (T)
Marqua, -- (T)
Marr, Johann (S I)
Martels, Heinrich von (S I, III)
Martin, Christian (S III)
Martin, Isaac (S II)
Martin, Johann (K, S III)
Martin, Thomas (K)
Marty, Louis (S I)
Marx, Guido (S III)

Masker, -- (T)
Massard, Johann M. (S II)
Massmann, Louis (S I)
Massmann, Ludwig (S III)
Mast, Joseph (S II)
Mast, Michael (S II)
Mastron, Philipp (S III)
Mathias, Johannes (S III)
Matre, Philip (S II)
Mattuz, Friedrich (S III)
Maue, Friedrich (S I)
Maunz, -- (K)
Maus, Joseph (S II, III)
Maus, Wendel (S II, III)
Mauss, Louis, Senior (S III)
Maxfeld, Johann (K)
May, Florian Karl (S III)
May, Johannes (S III)
Mayer, Christian (S I)
Mayer, Fr[iedrich] J. (S II, III)
Mayer, Ludwig (S II)
Maylander, Daniel (S III)
McKenzie, -- , nee Herr (S III)
Mecklenburg, Johann [McLanberg, John; McLandburgh, John] (S

III)

Mees, Jacob (S III)

Mehlen, John L. (K)

Mehner, Heinrich (S III)

Mehnke, Karl T. (K)

Mehrlin, -- (K)

Meier, -- (B, S II)

Meier, Christian (K)

Meier, Heinrich Wilhelm (S I)

Meier, Michael (S I)

Meiners, Hermann (S I)

Meininger, Carl (S III)

Meis, Robert (S II)

Meisner, Jacob (K)

Meltzer, Heinrich (S I)

Memmel, J. M. (S I)

Memminger, Christopher Gustav (S III)

Mendes de Solla, J., Rev. [Rabbiner] (S III)

Menkel, --, Dr. (K)

Menkhaus, Johann Friedrich (S III)

Menkhaus, John F. (S I)

Mentel, V. (S I)

Menzel, Engelbert (S I)

Menzel, Gustav Adolph (S I)

Menzel, Jacob (S II, III)

Mercy, Peter [see Peter Meurset] (S III)

Mergenthaler, Christian (S II, III)

Merk, Friederich (S III)

Merk, Fritz (S II)

Merkhofer, Georg (S II)

Merkle, Adam (S II)

Methias, Johannes (S III)

Metz, Adam (S I, III)

Metz, Friedrich M., Dr. (S I)

Metz, Jacob (S I, II, III)

Metz, M., Dr. (S II)

Metze, Georg (S II, III)

Metzger, Jacob (S III)

Metzger, Johann (S III)

Metzger, Michael (S I)

Meurset, Peter (S III)

Meusebach, -- von (S II)

Meyer, -- (B, T)

Meyer, --, Rev. (K)

Meyer, Barbara (S III)

Meyer, F. W. (S III)

Meyer, Fr[iedrich] W[ilhelm] (S

III)

Meyer, Gottlieb (K, S II)
Meyer, H. W. (S III)
Meyer, Hansjörg (S III)
Meyer, Heinrich (S II)
Meyer, Hermann (S III)
Meyer, J. D. (S III)
Meyer, Jacob (S III)
Meyer, Jakob (S I, II)
Meyer, Jörg (S III)
Meyer, Johann (K, S III)
Meyer, Johann Konrad (S II)
Meyer, Johannes (S III)
Meyer, John (K, S II)
Meyer, John C. (S III)
Meyer, John D. (S II)
Meyer, Joseph (S II)
Meyer, Leopold (S III)
Meyer, Louis (S III)
Meyer, Ludwig Heinrich (K)
Meyer, Marie, nee Lauer (S III)
Meyer, Nicholas H. (S I)
Meyer, Nikolaus Heinrich (S II)
Meyer, Philipp Jacob (S III)
Meyer, S. (S II)
Meyers, Johann (S II)

Meyers, Wilhelm (S III)
Meytinger, Jakob (S III)
Midscher, B. (S III)
Miller, -- (B)
Miller, Louis (S III)
Miller, Martin (S III)
Miller, Robert (S III)
Miller, Thomas (S II)
Miller, Wilhelm M. (S I)
Minick, Adam (S III)
Mintzeng, Philipp (S III)
Minuit, Peter (S III)
Mithofer, -- (T)
Mittelberger, Gottlieb (K)
Mochel, Susanna (S III)
Moedtke, --, von (S III)
Moehring, Mr. M. A. (K)
Moehring, M. E. (S I, III)
Moehrmann, -- (S III)
Moeller, Bernhard (S II)
Moellhaus, Johannes (S III)
Moellmann, Wilhelm, Rev. (K, S II)
Moerlein, -- (B, T)
Moerlein, Christian (S I, III)
Moeser, -- (T)

Moesle, Johann Jacob (S II)

Mohn, Andreas [Moon, Andreas] (S III)

Mohr, -- (S II)

Molitor, -- (T, S II)

Molitor, Stephan [or Stephen] (K, S II, III)

Mollenhauer, Heinrich (S III)

Mohlenhoff, -- (T)

Mollaun, Anton (S I)

Monsch, Anton (S I)

Montag, Jacob (S I)

Montgomery, Stephen H., Reverend (S II)

Moor, -- (T, S II)

Moor, August (K, S I, III)

Moormann, -- (T)

Moormann, -- [see also Moehrmann] (S III)

Moormann, Ferdinand Heinrich (S II)

Moormann, John B. (S III)

Moormann, J. H. (S I)

Moormann, Johann B. (S I)

Mooshake, F. (S I)

Morel, John (S III)

Mosenmeier, Bernhard (S I, III)

Mosler, Gustav (S II)

Mosler, Gustav (S II)

Mosler, Henry (S II)

Moss, Wilhelm (S III)

Mossmann, Jakob (S III)

Motsch, Heinrich (S I)

Motz, Johannes (S III)

Muegel, Peter (S I, II)

Muehl, Eduard (K)

Muehlenberg, -- (S III)

Muehlenberg, Gotthilf Heinrich Ernst (S III)

Muehlenberg, Henry A[ugust] (S III)

Muehlenberg, Peter (K)

Muehlhauser, -- (B, T)

Mueller, -- (T)

Mueller, --, Captain (K)

Mueller, August (S III)

Mueller, Bernard (S III)

Mueller, Bernhard (K)

Mueller, Christian (S II)

Mueller, Conrad (S I)

Mueller, David (S III)

Mueller, Friederich (S III)

Mueller, Friedrich (S I)
Mueller, Friedrich Wilhelm (S II)
Mueller, Gabriel (S I)
Mueller, Georg Friedrich (S I)
Mueller, Heinrich (S II, III)
Mueller, Jacob (K)
Mueller, Jacob Heinrich (S III)
Mueller, Jacob Henry (S I)
Mueller, Johann (S I)
Mueller, Johann (S I)
Mueller, Johannes (S III)
Mueller, M. L. (S II)
Mueller, --, Mr. (K)
Mueller, Niclas (S III)
Mueller, Peter (S I, II, III)
Mueller, Thomas (S II)
Mueller, Valentin (S I)
Mueller, Wilhelm (S III)
Mulhaus, Johannes (S III)
Mullen, --, Pastor (S II)
Mumert, Jakob (S I)
Mundhenk, Caroline (K)
Mundhenk, Heinrich (K)
Munger, --, Brigadier General (K)

Munkel, Friedrich (K)
Muselmann, David (K)
Muselmann, Michael (S III)
Muth, -- (T)
Muthert, G. H. (S III)
Muthert, G. W. (S II)
Muthert, Georg Heinrich (S III)
Muths, Johann Christoph Friederich G. (S III)
Myer, John [see Johann Myer] (S III)
Myers, J. (K)
Myers, "Candy" (S III)
Myers, John (S I)
Myers, John (S I)
Myers, Wilhelm (K)

Nagel [or Nail; Noell], -- (S II)
Nagel, John Baptist (S II)
Naegel, John (S I)
Naglo, -- (T)
Naser, Philipp (S III)
Nassau, Jan van (S III)
Nast, Thomas (S I)
Nast, Wilhelm, Rev. (K)

Nauerth, Johann B. (S I)
Neborgall, Catharina (S III)
Neborgall, Georg (S III)
Neborgall, Heinrich (S III)
Neborgall, Jakob, Junior (S III)
Neborgall, Jakob, Senior (S III)
Neborgall, Johann (S III)
Neborgall, Joseph (S III)
Nein, Joseph (S III)
Nelson, Anton [see Anton Nuelsen] (S III)
Nendel, Caspar (S I)
Nepper, E. S. (S II)
Nepper, G. F. (S II)
Nepper, Gustav F. (S III)
Nessler, John Joseph (S I)
Netscher, John B. (S II)
Neuber, Georg (S I)
Neuburg, Karl Phillip von (K)
Neufarth, jacob (S II, III)
Neukom, Samuel (S II)
Neumann, -- [or Newman] (S II)
Newman, Jakob (S II)
Nickel, -- (T)

Nicolai, Heinrich (S III)
Nicolay, -- (T)
Nicolay, Heinrich (S I)
Niehaus, Ill (T)
Niehaus, Heinrich (S II)
Hiehaus, Joseph (S I, III)
Nieman, H. H. (S I)
Nieman, Philipp (S I)
Niemann, -- (T, S III)
Niemann, --, Rev. (K)
Niemann, Karl (S II)
Niemeier, Johann Heinrich (S II)
Niemeyer, Heinrich (S III)
Niemeyer, Johann Heinrich (S II)
Niemweier, Otto (S I)
Nieswanger, Johann (K)
Nieswanger, Peter (K)
Nieswanger, Susana (K)
Nietert, Heinrich (S I)
Nipper, Bernhard Heinrich (S I, II)
Nitschman, -- (K)
Nobbe, Herman (S II, III)
Noell [or Nagel; Nail], -- (S

II)

Noll, Peter (S I)

Nolte, Franz (S II)

Nolte, Vincent (K)

Nordfleet, -- (S III)

Nordmann, Wilhelm H. (S I)

Nuelsen, Anton (S I, II, III)

Nungster, Martin (S III)


Obenz, Franz (S II)

Oberdor, --, Dr. (S II)

Oberle, Friederich (S III)

Oberlender, Peter (S II)

Oberling, Georg (S II)

Obermeyer, Peter (K)

Ober[n]dorf, Franz Joseph Constantin, Dr. (K, S I)

Obertuer, Jakob (K)

Ochs, John S. (S II)

Oeh, Conrad (S III)

Oeh, Konrad (S II)

Oehler, Philipp (S II, III)

Oehlmann, -- (K, S II)

Oehlmann, Clara (S III)

Oehlmann, Friederich Heinrich (S III)

Oehlmann, Frederick H. (S I)

Oesterle, --, Lt. (K)

Oetert, Karl (S I)

Ohlsen, -- (T)

Ohneberg, Sarah (K)

Oppenheimer, Salomon (S I)

Oppermann, Johann (K)

Ort, Michael (S II, III)

Ortmann, Johann (S III)

Oskamp, -- (T)

Oskamp, Clemens (S I, III)

Ossmann, Jakob

Ostendarp, -- (T)

Osterroth, -- (T)

Ostrander, Eduard (S III)

Ostrop, Franz (S III)

Oswaldt, -- (S II)

Oswaldt, August (S II)

Ott, -- (K)

Otte, -- (S I)

Otto, -- (K)

Overbeck, J. H. (S II)

Ozeas, Peter (S III)


Pahls, John (S I)

Pahls, Joseph (S III)

Pancera, Anton (S III)
Panning, -- (S II)
Pape, -- (T)
Pape, B. H. (S II)
Pape, Friederich (S III)
Parker, Levi (S II)
Parris, Thomas (S III)
Parroth, Friederich (S III)
Paschen, F. W. (S II)
Paschen, Friederich Wilhelm (S III)
Passavant, Zerline (K)
Patrick, Casimir (S III)
Patten, Hans (S II)
Paul, --, Major (K)
Paul, G. H. (S I, II)
Paul, M. W[ilhelm] (S II)
Paul, Peter (K)
Paulus, Johann (S III)
Peifer, Henry (S I)
Pellens, Georg Wilhelm (S I, III)
Pelz, Eberhardt (S III)
Peppelmann, H. (S I)
Peschtal, -- (K)
Peter, Amandus (S II, III)

Peter, Jakob (S I)
Peter, Ludwig (K)
Petermann, Georg (S I, III)
Petri, Karl (S III)
Petsch, Adam (S III)
Petzsch, Gustav Const[antin] (S II)
Peyer, --, Dr. (S II)
Peyster, Arent von, Colonel (K)
Pfaender, Wilhelm (S III)
Pfalzer, Jacob (S III)
Pfau, J. M. (S III)
Pfau, Jacob (S III)
Pfau, Jacob, Junior (S II)
Pfau, John M. (S I)
Pfeifer, -- (S II)
Pfeifer, Adam (S I)
Pfeifer, Christian (S II)
Pfeifer, Gerlach (S II)
Pfeifer, Louis (S II)
Pfeiffer, Anton (S I, III)
Pfeiffer, Christian (S I)
Pfiester, David (S II)
Pfiester, Friedrich (S I)
Pfiester, Heinrich (S II)
Pfirrmann, -- (T)

Pfister, David (K)
Pfister, Henry (S II)
Pfisterer, David (S II)
Phillip, Ludwig (K)
Pieper, -- (S III)
Pieper, Wilhelm (S II)
Pieper, Wilhelm H. (S III)
Pillager, Johann (S III)
Pinger, Adam (S I)
Pinger, Christian (S I)
Pistler, -- (T)
Pistner, Christopher (S III)
Pittenger, Peter (S II)
Platter, Christian (S III)
Plauck, Jacob Albert (S III)
Pleile, Caspar (S III)
Pleisteiner, Johann (S I)
Plettner, Georg H. (S II)
Ploch, Fritz (Friedrich (S I)
Ploch, Hartmann (S I)
Poehner, J. H. (S III)
Poehner, John H. (S I)
Poeppel, Abraham (S III)
Poeppelmann, Heinrich (S III)
Poepplin, Katharina (S II)
Pohlmayer, Theodor (S II)

Pohlmeyer, Edmund (S II)
Pohlmeyer, H. W. (S II)
Pohlmeyer, Theodor (S II)
Poler, Quintin (S III)
Politsch, Heinrich (S III)
Pontius, Andreas (S III)
Pontius, Friederich (S III)
Popp, Joseph (S II, III)
Portner, F. (S II)
Posner, Friedrich (K)
Post, Christian F. (K)
Post, John B. (S I)
Postel, John (S I)
Postel Karl [aka Charles Sealsfield] (S II)
Preuer, -- (T)
Prim, Euard (K)
Proheter, -- (T)
Prosser, Daniel (S II)
Prothers, Salomon (S III)
Pruno, -- (S III)
Puettmann, Heinrich (S II)
Pulte, F. H. (S III)
Pulte, Josef H. (S I)
Purcell, Johann Baptist, Bishop (S II)

Puthoff, -- (T)
Puthoff, Adjutant Wilhelm Heinrich (K)
Putmann, -- (S III)
Putnam, -- (S III)
Putnam, Israel (S III)
Putnam, Johann (S III)
Putnam, Peter (S III)
Putnam, Rufus (S III)

Quante, Heinrich (S I, III)
Quaing, Heinrich (S II)
Quatmann, Heinrich (S III)

Rabenhorst, Christian (S III)
Raber, Georg (S I)
Rabbe, Wilhelm (S I)
Rader, Anton (S I)
Raible, Friedrich (S I)
Rannacher, Franz (S III)
Rapp, -- (S III)
Rapp, Friedrich (K)
Rapp, Johann Georg (K)
Rapp, Johannes (K)
Rapp, Valentin (S I)
Rapp, Wilhelm (K)

Rappel, August (S III)
Rasche, Catharina, nee Karhoff (S III)
Rasche, Heinrich (S I, III)
Rasche, Johanna (S III)
Rasche, Marcus (S III)
Raschig, --, Pastor (S II)
Raschig, --, Rev. (K)
Raschig, Franz Moritz, Rev. (S II)
Rasle, Fr. (K)
Rasp, Paulus (S I, II)
Rastner, Johann Philipp (S III)
Rattenkamp, -- (K)
Rattermann, -- (B, T)
Rattermann, Bernard (S II)
Rattermann, Franz (S II, III)
Rattermann, H. A. (S II, III)
Rauch, Christian H. (K)
Rauchfuss, -- (T)
Raumer, Friedrich von (K)
Rauth, Franz (S I)
Reakirt, Joseph (S II)
Reakirt, Laurette L., nee Bodmann (S II)
Rebeker, Lucas (S III)

Rechel, Adam (S II)
Reck, Friedrich von (S III)
Reeder, Rebecca (K)
Reese,, -- (S I)
Reese, --, Pastor (S II, III)
Reese, Friedrich, Pastor (S II)
Reeves, -- (S III)
Regensbacher, -- (S II)
Rehbock, Heinrich (S III)
Rehfus, -- (S II)
Rehfuss, -- (S II, III)
Rehfuss, --, pharmacist (S II)
Rehfuss, Ludwig (K, S I, III)
Rehkob, Daniel (S III)
Reibel, Anton (S III)
Reich, Johann (S III)
Reich, Peter (S III)
Reichardt, Friederich (S III)
Reichhardt, Friedrich (S II)
Reichardt, John (S II)
Reichenbach, Oscar (K)
Reichle, Bartholomäus (S III)
Reidinger, Barbara (K)
Reif, Adam (S I)
Reif, Francis, Senior (S I)
Reif, Franz, Senior (S III)

Rein, Joseph (S III)
Reineke, Fr[iedrich] W. (S II)
Reinecker, Friederich J. (S III)
Reinhard, John B. (S III)
Reinhardt, -- (B)
Reinhardt, Bernhardt (S III)
Reinhart, -- (T)
Reinhart, Johann B. (S I)
Reinhold, Bertha (S III)
Reiniger, Gustav (S II)
Reininger, Caspar (K)
Reis, -- (T)
Reis, Joseph (S I)
Reis, Daniel (K)
Reis, Johann (K)
Reiss, Jacob (K, S II)
Reiss, John (K)
Reiss, Philipp (S II)
Reiss, Phillip (K, S I)
Reiter, -- (K)
Reiter, F. W. (S I)
Remme, H. W. (S I)
Remshart, Johann (S III)
Renau, Wilhelm (S I, III)
Renner, Adam (S III)

Renner, Jacob (S I)
Rennick, Felix (S III)
Rennik, -- (S III)
Rensing, Anton (S II)
Rentz, Johann O. (S III)
Rentz, Joseph (S I)
Renwick, Alexander (S III)
Renz, -- (S II)
Renz, August (K, S II, III)
Renz, Sebastian (K)
Reppert, Jacob (S III)
Rese, Fr. Friedrich (K)
Resplandin, -- (S III)
Retscher, John B. (S II)
Reuschel, Andreas (S I)
Reuss ? (Reutz ?), Joseph (S I)
Rewaldt, Heinrich (S I)
Rex, Georg (S II)
Rhein, --, van (S III)
Rheinboldt, -- (T)
Richard, John (S I)
Richoney, Andreas (S III)
Richter, -- (S III)
Richter, --, Mr. (K)
Richter, J. H. (S III)
Richtmeyer, Daniel (S III)

Ricker, H. F. J. (S III)
Ricker, Henry F. (S III)
Ricket, Jacob (S III)
Rickets, Joseph (S III)
Riecke, Friedrich Wilhelm (S I)
Riedinger, Wilhelm (S III)
Rieger, -- (T)
Riegler, Christoph (S I)
Riek, Wilhelm (K, S II)
Riekenbach, Mr. (K)
Riemeier, J. D. (S I)
Riemenschneider, -- (S III)
Riemeyer, David (S III)
Ries, Franz (S I)
Ries, Jacob (S I)
Riese, R. (K)
Riesser, Gabriel, Dr. (K)
Riesser, Hermann (S III)
Rieter, Johann (K)
Rischler, Anton (S I)
Rissler, Heinrich, Dr. (S I)
Ritchie, -- (B, T)
Ritchie, Caspar, Senior (S I, II)
Ritchie, J., Junior (S II)
Ritchie, Jacob (S II, III)

Ritchie, Jacques (S I)
Ritner, -- (S I)
Ritschmann, David (S III)
Rittenauer, Anton (S III)
Rittenhaus, -- (K)
Ritter, --, Dr. (K, S II)
Ritter, Friederich (S III)
Ritter, Johann (S II)
Ritter, Joseph (S II)
Ritter, Karl G. (K, S II)
Ritter, --, Mr. (K)
Rittig, -- (K, S III)
Rittler, W. J. (S III)
Rittweger, Philipp (S I)
Ritzema, Rudolph von (S III)
Rockholt, Joseph (S III)
Rodamann, Christopher [Christopher Rodamber, or Rodman] (S III)
Rodgemann, Hermann (S I)
Roebling, John A. (S I)
Roeder, George (K)
Roeder, Heinrich (K)
Roedingshofer, A. (S I)
Roedter, -- (S II)
Roedter, Heinrich (K, S I, II, III)
Roehrig, Friedrich Louis Otto (S II)
Roelker, --, Dr. (K)
Roelker, August (S I)
Roelker, Heinrich (S I)
Roesler, Johann (S III)
Roewekamp, -- (T)
Roewekamp, --, Mr. (K)
Roewekamp, F. H. (K)
Roewekamp, Friederich H. (S III)
Roewekamp, Heinrich F. (S I)
Roggwiller, Elias (S II)
Roh, Jacob (K)
Rohe, Heinrich (S I, II)
Rohenkohl, -- (S III)
Rohmann, A. B. (K)
Rohmann, Friedrich (S II)
Rohner, -- (T)
Roling, Johann (S III)
Rolker, John Friedrich (S I)
Romweber, Anton (S I)
Ronge, -- (S III)
Ronnebaum, J. H. (S II)
Ronnebaum, Maria Agnes, nee

Willenborg (S II)
Rose, -- (S II)
Rose, John (S III)
Rosefeld, -- (K)
Rosenbaum, -- (S II)
Rosenberg, Alexander (S I)
Rosenfeld, -- (S III)
Rosenkohl, -- (S III)
Rosenkranz, -- (S III)
Rosenstiehl, L. S. (S I)
Rosenthal, Christoph (S II)
Rossmaessler, -- (S III)
Rossmaessler, Anton (S III)
Rost, Georg (S I)
Roth, -- (B, K, T)
Roth, Balthasar (S I, III)
Roth, Gregor (S I)
Roth, Heinrich (S II, III)
Roth, Jakob (S II)
Roth, Johann (S III)
Roth, Johann Ludwig (S III)
Roth, John (S III)
Rothacker, -- (K, S III)
Rothacker, Wilhelm (S II)
Rothan, John (S I)
Rothe, -- (B, K)

Rothe, Emil (S III)
Rothert, -- (B, K, T)
Rothert, Johann Heinrich (S I)
Rothfuss, Friederich (S III)
Rothmeyer, Ehrhard (S III)
Rothschild, -- (T)
Rotteck, Karl (S III)
Rottek, -- (S III)
Rottenberg, Christian (S III)
Rotzenborn, F. (S I)
Rotzenborn, Wilhelm (S I)
Rudig, Conrad (S III)
Rudolph, --, Major (K)
Rudolph, L. (K)
Ruedesel, Michel (K)
Ruemelin, -- (B, T, S II)
Ruemelin, Carl (S I, III)
Ruemelin, Karl (K)
Ruff, -- (S II, III)
Rufner, Georg (S III)
Ruhl, Peter (S II)
Rundthaler, Edward, Rev. (K)
Rungster, Martin (S III)
Runtz, Georg (S I)
Rupp, Henry (S I)
Rupp, Israel Daniel (K)

Ruppert, Jacob (S III)
Rupple, Daniel (S III)
Rush, Jost (K)
Russ, -- (K, S II)
Russel, -- (S III)
Russkaup, Bernhard H. (S I)
Ruths, Philipp (S II, III)
Ruths, Philipp (S II)
Ryling, John (S I)
Rymacher, --, de (S III)
Saatkamp, E. M. (K)
Sachse, Johann (S III)
Sachsteder, Johann P. (S I)
Sachstetter, Franz (S I)
Sacker, Heinrich (S II)
Sailer, Jakob (S III)
Sailer, Johannes (S III)
Salis, Johann Gaudenz von (K)
Salis, Julius Ferdinand von (K)
Salling, Johann (K)
Salomon, Oelmüller, Captain (K)
Salz, Peter (K)
Sammon, --, Mr. (K)
Sandau, Christian (S II)
Sandheger (B, T)
Sandmann, -- (S II)

Sandmann, J. H. (S I)
Sanning, -- (T)
Sanning, Johann Hermann (S I)
Sass, Jacob (S III)
Sattler, Wilhelm (S III)
Satz, Eduard (S III)
Sauer, Conrad (S III)
Sauer, Friedrich (S III)
Sauer, Konrad (S II)
Sawin, Joseph (S II)

Schaad, --, Rev. (K)
Schack, Theresia (S II)
Schad, Franz (S III)
Schaefer, -- (S III)
Schaefer, Carl (S III)
Schaefer, Ernst (S I)
Schaefer, Ferdinand (S I)
Schaefer, Heinrich A., Captain (S II)
Schaefer, J. (S III)
Schaefer, Jacob (K, S III)
Schaefer, John A. (S I)
Schaefer, Ludwig (K, S II)
Schaefer, Louis (S I)
Schaeffer, -- (K,T)

Schaeffer, Jacob (S I)
Schaeffer, Peter (S I)
Schaertel, -- (K)
Schaller, -- (T)
Schaller, Joseph (K, S I, III)
Schamehorn, Elias (S III)
Schamps, M. P. (S II)
Schantz, Johann (S II)
Schantz, Joseph (S II)
Scharlot, Friedrich (S III)
Scharp, Abraham (S I)
Scharringhausen, Karl (S II)
Schatzmann, Jacob (S I, III)
Schatzmann, Johann Jakob (S III)
Schauer, Georg Peter (S I)
Schaumloeffel, Johann (S I)
Schaurer, Michael (S I)
Schawe, -- (T)
Schebosch, Johann (K)
Scheffel, Georg C. (S II, III)
Scheftal, Levi (S III)
Scheid, Nicolaus (S I)
Scheidler, Georg Valentin (S II)
Scheidler, --, Mr. (K)

Scheiner, F. L. (S III)
Schelhammer, Wendelin (S I)
Schell, -- (S III)
Schell, Johann (S II)
Schenk, Peter (S III)
Schenk, William G., General (K)
Scheppler, Jakob (K)
Scherer, Jakob (S III)
Schermerhorn, Elias [see Elias Schamehorn] (S III)
Schermerhorn, Johann Jakob (S III)
Scherrer, Daniel (K)
Scheu, Georg (S III)
Schiele, Joseph (K)
Schierberg, Joseph (S I)
Schiess, Carl (S I)
Schiff, Abraham (S I, III)
Schiff, J. B. (K)
Schiff, John (S I)
Schilder, Martin (S III)
Schilderink, Johann (S III)
Schill, Georg (S II)
Schillinger, Wilhelm (S I)
Schimmer, J. (K)
Schindler, Anton (S II)

Schirmmeister, -- (S III)

Schlafer, Erhart (S I)

Schlatter, Michael (S III)

Schlatter, Paul (S III)

Schleich, Anton (S II)

Schloendorn, Christopher (S II)

Schloss, Lehmann (K)

Schlosser, -- (S II)

Schlosser, --, Captain (K)

Schlotmann, -- (T)

Schlover, Johann (S III)

Schlupp, Conrad (S III)

Schmick, Johann Jakob (K)

Schmidlapp, J. A. [see also Schmidtlapp] (S I, III)

Schmidt, -- (S II, III)

Schmidt, Adam (S II)

Schmidt, Alexander (S III)

Schmidt, Carl (K, S II)

Schmidt, Caspar (S III)

Schmidt, Catharina, nee Dirksen (S II)

Schmidt, Charles (S I)

Schmidt, Franz Joseph (S III)

Schmidt, Jakob (K, S II)

Schmidt, Johann (S I, III)

Schmidt, Johannes (S III)

Schmidt, John (S II)

Schmidt, Joseph Konrad (S III)

Schmidt. Lukas (S III)

Schmidt, Theodor (S I)

Schmidt-Bürgeler, Karl von (S III)

Schmidtlapp, Caleb (K)

Schmidtlapp, Friedrich (K, S III)

Schmieder, H. (S I)

Schmit, Johann (S III)

Schmitt, -- (T)

Schmitt, David (S I)

Schmitt, Franz Joseph (S I)

Schmitt, Martin (S II)

Schmitt, Nicolaus (S I, II)

Schmitt, Peter (S I)

Schmitz, Gerhard Bernard Heinrich (S III)

Schmuck, Daniel (K)

Schneemann, Friedrich Wilhelm (S II)

Schneider, -- (B, T)

Schneider, --, Dr. (S II)

Schneider, B. (S II)

Schneider, C. A. (S III)
Schneider, Carl (S II)
Schneider, Christoph (S II)
Schneider, Edward F. (S I)
Schneider, F. A. (S I)
Schneider, Friederich (S III)
Schneider, Friedrich (S II)
Schneider (Snyder), Friedrich (S I)
Schneider, Heinrich (S II)
Schneider, Hermann (S I)
Schneider, Jacob (S I)
Schneider, Johann (S II, III)
Schneider, Julius (S I)
Schneider, Karl August (S I)
Schneider, Louis (S I, II, III)
Schneider, Michael (S I, II)
Schneider, Theodor (S III)
Schnell, Johann (S I)
Schnell, Wilhelm (S III)
Schneß, Georg (K)
Schnetz, Jacob (K)
Schneyer, John L. (S I)
Schnittger, Heinrich (K)
Schnittger, John H. (S II)
Schob, Jacob (S III)

Schob, Vincent (S III)
Schober, Gottfried (K, S II)
Schoedinger, G. Jacob (S I)
Schoefer, Gottfried (K)
Schoeffler, Conrad (S III)
Schoeffler, Dorothea (S III)
Schoeffler, Lorenz (S III)
Schoeffler, Moritz (S III)
Schoemer, Nicolaus (S I)
Schoene, Jakob (S III)
Schoeneberger, Joseph (S III)
Schoenenberger, Joseph (S II)
Schoener, Peter (S III)
Schoeninger, -- (S III)
Schoik, Stephan van (S II)
Schomaker, Bernhard H. (S I)
Schomaker, Theodor (S II, III)
Schoner, Paulus (S I, II)
Schopperle, Joseph (S II)
Schorr, David (S III)
Schott, Anton, Dr. (S I)
Schott, Bonifazius (S I)
Schottweiler, Friedrich (S II)
Schotz, David (S III)
Schrader, -- (T)
Schrader. Hermann (S I)

Schragg, --, Mr. (K)

Schraag, Louis (S I)

Schreck, -- (K)

Schreiber, -- (S III, T)

Schreiber, Leonhard (S II, III)

Schrickel, Theodor, Captain (K)

Schroeder, -- (T)

Schroeder, Jacob (S I)

Schroeder, Johann Jakob, Captain (K)

Schroerluecke, Henry (S I)

Schroeter, Ludwig (K)

Schroth, Andreas (S II, III)

Schubart, Michael (S III)

Schubert, Johann Adam (S I)

Schubert, John (S I)

Schuck, Michael (K)

Schud, Franz (S I)

Schuede, Johann Heinrich (S II)

Schuele, Jacob (S II, III)

Schuette, Gerhard (S III)

Schuette, Jakob (S III)

Schuette, Joseph (S II)

Schuetz, Jakob (S III)

Schuetz, Peter (S I)

Schuez, -- (K)

Schuhmacher, -- (K)

Schuhmann, Franz (S I)

Schulhoff, Heinrich (S I)

Schulte, E. H. W. (S I)

Schulte, Heinrich (S II, III)

Schulte, J. (K)

Schulte, Jakob (S III)

Schultheiss, Georg, Senior (S II)

Schultz, Christian (S III)

Schultz, Georg (S III)

Schultz, Heinrich (S III)

Schultz, Johann (S III)

Schultz, Louis (S II, III)

Schultze, -- (K, T)

Schulz, -- (K)

Schulz, Friedrich (S I)

Schulz, Georg (S I)

Schumacher, -- (S III)

Schumacher, Adam (S III)

Schumacher, Theodor (S III)

Schuhmacher, Albert (S I)

Schumann, -- (K, T)

Schwab, -- (B)

Schwab, Gustav (S III)

Schwartz, -- (T)

Schwartz, Michael (S III)
Schwarz, Celestin (S I)
Schwarz, Julius, Dr. (S II)
Schwarz, Peter Paul (S I)
Schwarz, Julius (K)
Schwarzburg, C. W. (S I)
Schwebel, Philipp (S III)
Schwegmann, -- (T)
Schwegmann, Bernhard (S I)
Schwegmann, Franz (S I)
Schwegmann, J. H. (S I)
Schwegemann, Jos. (K)
Schwein, Jacob (S I)
Schwein, Julius, Dr. (S II)
Schweinitz, Ludwig von (K)
Schweizer, George (S I)
Schweizer, Jakob (S III)
Schweizerhof, Jacob (S II)
Schwenker, -- (T)
Schwenker, Friedrich W. (S I, III)
Schwill, -- (T)
Schwint, Johann (S III)
Scott, Michael (S II)
Scutterling, Johann (S III)
Sealsfield, Charles [aka Karl Postel] (S II)
Seasongood, -- (T)
Sebastiani, Joseph (S II, III)
Seckly, Johann (S III)
Seehorn, Gabriel (S II)
Seemann, Joseph (K, S II)
Seggern, --, von (S III)
Seggern, Christian von (S I, III)
Seggern, Friedrich von (S III)
Seib, --, Rev. (K)
Seibel, Gottfried (S I, III)
Seibert, -- (T)
Seibert, Adam (S II)
Seibt, J. F. (S II)
Seibt, T. F. (S I)
Seidel, Jacob, Rev. (S II, III)
Seidel, Nathaniel (K)
Seidensticker, -- (T)
Seidensticker, --, Mr. (K)
Seifert, Franz (S III)
Seiler [see Sailer] (S III)
Seinecke, -- (T)
Seinecke, A. (S I)
Seinsheimer, B. (S II, III)
Seiz, Heinrich (K)

Selig, Jakob (S III)

Selker, -- (K)

Sellet, Anton (K)

Sellmeier, Johann H. (S I)

Selz, -- (K)

Senat, Fr. S.J. (K)

Senat, Jacob (S I)

Senff, Caspar (S III)

Senff, Michael, Junior (S III)

Senff, Michael, Senior (S III)

Sensemann, Anna (K)

Sensemann, Christian David (K)

Sensemann, Gottlob (K)

Sensemann, --, Sister (K)

Sentaurus, Heinrich (S II)

Serodino, Hermann (S III)

Seufferle, Christian (S I, III)

Sewald, Philipp (S II)

Sewer, Gottlieb (S II)

Seybold, -- (S III)

Seybold, Kasper (S III)

Seymor, Philipp (S III)

Seymour, Kätchen (S III)

Seydler, F.G., Senior (S I)

Seyler, Wendel (S I)

Seyrs, Marie (K)

Sheppard, Carl [Schäfer ?] (S III)

Shomaker, -- (T)

Sick, -- (T)

Sicking, Heinrich (S I)

Siebenpfeiffer, -- (S III)

Siebenthal, -- (K)

Siebern, John N. (S I)

Siebern, Johann N. (S II)

Siebern, Stephan [?] W. (S II, III)

Siebern, Peter Heinrich (S I)

Siebern, S.W. (S I)

Siefert, -- (T)

Siefert, Elisabeth, nee Brossmer (S III)

Siefert, Joseph (S I, III)

Sieg, Peter (K)

Siegert, Johann Friedrich E. (S II)

Siemantel, Georg (S III)

Siermann, Anton (S II)

Sigel, -- (K)

Silbernagel (S II)

Silbernagel, S. (S III)

Simon, -- (S III)

Simon, Benjamin (S I)
Singer, Johann (S II)
Singer, Joseph (S III)
Sinton, David (S III)
Sittinger, Anna Maria (S III)
Sittler, Johann (S III)
Slover, Johann (S III)
Smidt, John (S I)
Smith, Joseph K. (S I, III)
Snyder, Friedrich (S I)
Soderer, Walburga (S III)
Soemmering, --, Dr. (K)
Sohn, Johann Wilhelm (S I, III)
Sohn, John G. (S I)
Soler, Stephan (S II)
Solla, J. Mendes De (S III)
Solomon, -- (S II)
Sommer, Joseph (S II)
Sorg, Heinrich (S I)
Spaetnagel, Theodor (S III)
Spangenberg, Rev. Augustus (K)
Spangenberg, C. (S I)
Spankuebel, Christopher (S II)
Spankuebel, Elizabeth (S II)
Speckhardts, Johann (S III)
Speckheinrich (K)

Speckmann, -- (K, S II)
Speidel, Abraham (S III)
Spenger, Sebastian (S III)
Spenzer, Bastian (S III)
Spiegel, Georg Karl (S I)
Spiess, Catharina (S III)
Spindel, --, Rev. (K)
Sprain, Gottlieb [see Gotlieb Spreen] (S III)
Sprandel, Carl (S III)
Spreen, Gotttlieb (S III)
Staab, Adam (S II)
Staab, Johann Adam (S III)
Staebler, Jonathan (K, S III)
Staes, Abraham (S III)
Stahl, August. (S I)
Stahl, Friedrich (S II)
Stahlschmidt, --, Pastor
Staile, Martin (S I)
Stalder, Elisabeth (S II)
Stalkamp, Heinrich (S III)
Stalkamp, Henry (S I)
Stall, -- (T)
Stall, Bernard Georg (S III)
Stall, Eduard (K)
Stal, John Henry (S I)

Stallo, -- (B, T, S III)
Stallo, Franz Joseph (S III)
Stallo, Johann Bernard (S III)
Stallo, Johann B., Judge (K)
Stallo, Richard (K)
Stamm, G. Wilhelm (S I)
Stammbusch, Bernard (S II)
Stanislaus, --, Mr. (K)
Stark, D. (S III)
Staun, -- (T)
Steck, -- (S III)
Steffen, Peter, (S I, III)
Steg, Wilhelm (K)
Stegemann, -- (K)
Stegemeier, C. F. (S III)
Stegemeier, Carl Friedrich (S I)
Stegmann, -- (S II)
Stegmann, F. (S III)
Stegner, Peter (S III)
Steigelmann, Jacob W. (S I)
Steiger, --, Baron de (S II)
Steigerwald, Sebastian (S II)
Stein, Albert (K)
Stein, David (K)
Stein, Sebastian (S II)

Steinbach, Philipp (S III)
Steinbeck, Friedrich (S II)
Steinbicker, J. H. (S II, III)
Steine, -- (S III)
Steine, Peter (S II)
Steinemann, John H. (S I)
Steiner, Christian (S III)
Steiner, Heinrich (S II)
Steiner, Jakob (S II)
Steiner, John (S II)
Steiner, Melchior (S III)
Steiner, Michael (S II)
Steinkamp, -- (T)
Steinmaier, --, Pastor (S II)
Steinmann, Louis Edward (S I)
Steinmann, Ludwig E. (S III)
Steinmeier, --, Rev. (K)
Steinmetz, --, Dr. (K)
Steinmetz, --, Mr. (K)
Steinweg, -- (S III)
Stelinger, Johannes (S III)
Stemann, John (S I)
Stemmler, Johannes (S III)
Sterger, Johann (S II)
Sterne, Johann (S II)
Steuer, Dorothea (S II)

Stiefel, Johannes (S I)
Stiens, Franz (S I, III)
Stierle, -- (T)
Stifel, Adam (S I)
Stirk, Johann (S III)
Stirk, Samuel (S III)
Stites, Benjamin (K)
Stockmann, C. O., Dr. (S II)
Stockum, Johann (S III)
Stodart, -- (S III)
Stoeckle, John R. (S I)
Stoehr, Leonhard (S I)
Stohlmann, Carl Ferdinand Ewald (S I)
Stoll, Wilhelm (S I, II)
Stolz, -- (K)
Stolz, John (S I)
Stoltzer, Andreas (S I)
Stoner, John (S II)
Stopf, Christopher (K)
Stordeur, H. (S I)
Story, Johann Jacob (S I, III)
Straeter, --, Rev. (K)
Stratmann, Johann Bernhard (S I, III)
Straub, Franz (S II)

Straub, Georg (S III)
Straub, J. N. (K)
Straub, Jakob (S II)
Straub, Thaddeus (S I)
Strauch, -- (T)
Strauss, Abraham (S I)
Strauss, David (S III)
Strauss, Jacob (S III)
Strausser, Heinrich (S III)
Strausser, Peter (S III)
Streeter, Anna Maria (S II)
Streit, G. F. (S III)
Strening, -- (S III)
Stricker, -- (K)
Strickler, Jonathan (K)
Strobel, -- (T)
Strobel, Daniel (S III)
Strobel, Johann M> 9S III)
Strobel, John M. (S II)
Strodtbeck, Jacob (K, S II)
Strohhuber, Georg (K)
Strueve, -- (T)
Struever, Justus (S I)
Struewe, Michael (S III)
Struewe, Peter (S III)
Struewing, Gerhard (S III)

Strunck, Friedrich (S I)

Strutzmann, -- (T)

Stuetzmann, Conrad (S I)

Stueve, Clemens (S I)

Stumm, C. Wilhelm (S I)

Stuntebeck, Ferdinand (K)

Stutzmann, G. F. (S III)

Stutzmann, G. Friedrich, Senior (S I)

Suhr, --, Rev. (K)

Suppiger, -- (S II)

Surmann, Anton (S III)

Surmann, Gerhard (S III)

Suter, Jakob (K)

Sutter (Suter), Johann August (S I)

Sutter, Jakob (K)

Sutter, John (S II)

Sutter, Samuel (S II)


Taenzer, Wilhelm (S II, III)

Taerlin, Peter [Peter Tarlin] (S III)

Tafel, -- (B)

Tafel, Gustav (S III)

Tafel, Hugo (S III)

Tafel, Richard (S III)

Tangeman, John B. (S I)

Tappe, Fritz (S II)

Tates, Nancy G. (S II)

Tauber, Friedrich (K, S II)

Tauke, -- (S III)

Tauke, Johann Dietrich (S I)

Taussig, -- (S III)

Tebelmann, John (S I)

Techhans, --, Mr. (K)

Tecius, Friederich (S III)

Teepe, Friederich Wilhelm (S III)

Tepe, Fr[iedrich] W[ilhelm] (S II)

Tera, Chr[istian] Adolph (S II)

Terzly, -- (S III)

Teuk, Johann H. (S III)

Thanbald ? [Thaubald ?], Georg (S I)

Thauwald, -- (T)

Thielemann, Christian (K, S III)

Thielemann, Elise (S III)

Thielemann, Louise, nee Ehlers (S III)

Thiery, Franz (K)
Thil, -- (B)
Thill, -- (T)
Thole, Joseph (S I, II)
Thoma, Augustin, Senior (S I)
Thomas, Michel (S III)
Thum, Peter (S III)
Thraenle, Innocenz (K, S II)
Thurmauer, Max (S I)
Thusnelda, -- (K)
Tiedemann, Philipp (S III)
Tiemann, August (S I, III)
Tiemann, Joseph Ferdinand (S III)
Tiemann, Philipp (S III)
Tiete, Peter (K)
Tietig, -- (T)
Tiffen, Edward (S III)
Tilly, Wilhelm (K)
Timmermann, -- (K, S II)
Timrod, Heinrich (S III)
Titting, Friedrich (S I)
Tonzlin, Anton (S II)
Toerner, Gerhard H. (S II)
Topie, G. Friederich (S III)
Topie, Gerh[ard] Fried[rich] (S III)
Torges, -- (T)
Traub, Lorenz (S II)
Trebein, Wilhelm (S I)
Treutlen, Johann Adam (S III)
Treutlen, Peter (S III)
Triebner, Christopher F. (S III)
Trimpe, Bertha, nee Reinhold (S III)
Trimpe, Johann Bernard (S III)
Trimpe, John B. (S I)
Triplet, Joseph (S II)
Trischer, Thomas (S III)
Tron, -- (T)
Tron, Friederich (S III)
Tron, Friedrich (K, S I)
Troescher, -- (T)
Thron, -- (S II)
Trost, Wolf (S I)
Trum, Bernhard (S I, III)
Trux, Abraham (S II)
Trux, Katharina (S II)
Tschenhenz, X., Pastor (S II)
Tschudy, Johann (S I)
Trum, -- (T)

Turner, Gerhard H. (S II)
Twachtmann, Johann (S III)
Tydeman, Philipp (S III)

Uebenener, Casper (S III)
Uhl, -- (S II)
Uhl, Jacob (S II)
Uhland, George (K)
Uhlmann, Jacob (S III)
Uhlmann, Jakob (S II)
Uhrich, Joseph (S II)
Uhrig, Anna Maria, nee Sittinger (S III)
Uhrig, August (S III)
Uhrig, Ignatz Joseph (S III)
Uhrig, Joseph (S III)
Uhrig, Josephine (S III)
Uhrig, Walburga, nee Soderer (S III)
Ullmann, Daniel (S III)
Ulm, Daniel (S III)
Ulmer, Andreas (S I, II)
Ulrich, August C. (S I)
Ulrich, Valentin (S I, III)
Ulry, Jakob (K)
Unger, -- (S III)

Unger, -- (wife of Professor Unger) (S I)
Unnewehr, Friederich (S III)
Unnewehr, Friedrich (S II)
Unzicker, -- (K)
Up de Graff, Nathan (K)
Uphof, -- (T)
Uphof, Georg H. (S I)
Urban, -- (T)

Van Braam, Jacob (K)
Van Deman [see Vandermann] (S III)
Van Huyning, Hendrik (S II)
Van Nassau, Jan (S III)
Van Rhein, -- (S III)
Van Schoik, Stephan (S II)
Van Seggern , -- (K)
Vanderman, Heinrich (S III)
Vandermann, Johannes (S III)
Vandermann, Joseph (S III)
Vandermann, Joseph, Junior (S III)
Vandermann, Matthias (S III)
Vangrundy, Joseph (S III)
Vanners, Peter (S II)

Varwig, -- (B)
Vass, Heinrich (S III)
Vedder, Heinrich (S I)
Vedder ? (Bedder ?), Joseph (S I)
Veerkamp, Gerhard H. (S III)
Veid ? [Beid ?], Michael (S II)
Verdun, -- (S III)
Ver, -- (S III)
Verhage, -- (T)
Vietner, Daniel (S III)
Vincent, Thomas (S III)
Voegeler, -- (T)
Voeth, Robert (S III)
Vogel, -- (S II)
Vogel, --, Pastor (S II)
Voegtly, --, Mr. (K)
Vogelsang, --, Mr. (K)
Vogler, --, Mrs. (K)
Vogt, Johann (K)
Vogt, Jacob B. (S I)
Voige, -- (T)
Voll, Caspar (S I)
Vollmann, Caroline (K)
Vollmann, Elisabeth (K)
Vollmann, Erich Justus (K)
Vollmann, Friedrich (S I)
Volz, C. (K)
Volz, Ferdinand (K)
Volz, Karl (S II)
Volz, Philipp (S I, III)
Von Bonge, Carl (S II)
Von Cotta, -- (S III)
Von Der Westen, Heinrich (S I)
Von Heer, Bartholomäus (S III)
Von Huben, Daniel (S III)
Von Knyphausen, -- (S III)
Von Martels, Heinrich (S III)
Von Meusebach, -- (S II)
Von Moedtke, -- (S III)
Von Reck, Friederich (S III)
Von Ritzema, Rudolph (S III)
Von Schmidt-Buergeler, Karl (S III)
Von Seggern, -- (B, T, S III)
Von Seggern, Christan (S I, III)
Von Seggern, Friederich (S III)
Von Zedtwitz, Hermann (S III)
Vonderheide, Franz (S III)
Vonderheide, Jos[eph] B. (S II, III)

Vonderheiden, -- (T)
Vonderheide, F. (S I)
Vonhof, Joseph (S II)
Vornholt, John F. (S I)
Voss, Daniel de (S III)
Voss, Heinrich (S III)
Vosskoetter, Johann Heinrich (S III)

Wachsler, Michael (K)
Wachsmuth, -- (K)
Wagel, --, nee Hunsacker (S II)
Wagel, Jakob (S II)
Wagel, Oskar (S II)
Wagner, -- (T)
Wagner, C. G. (S II)
Wagner, J. A. (S III)
Wagner, Jacob (S III)
Wagner, Johannes (S III)
Wagner, John A. (S I)
Wagner, A. Nicolaus (S I)
Wagner, Nikolaus
Wagner, Theo (S I)
Wagner, Valentin (S I, II)
Wakker, Johann A. (S III)
Walburg, Franz (S I)

Waldhauer, Jacob (S III)
Waldhaus, Georg F. (S III)
Walk, Louis (S I)
Walker, -- (S II, III)
Walker, Georg (S II, III)
Waiser, Friedrich (K)
Waiser, Phillip (K)
Walbach, Adjutant General J.B. (K)
Walle, Sylvester, Rev. (K)
Waltenrath, Jakob (K)
Walter, Nicolaus (S II)
Walther, Bernhard (K)
Walther, Conrad (K)
Walther, Johann Georg (S II)
Waltz, Carl (S I)
Wank, Johann (S II)
Wankelmann, -- (T)
Wanner, -- (T)
Warley, Jacob (S III)
Warley, Melchior (S III)
Warnken, Georg (S I)
Warnuch, Joseph (S III)
Warticki, M. A. (S I)
Wassenich, Emmanuel (S II)
Wassenich, Joseph (S I)

Weaver, Adam (S III)
Weber, -- (T, S III)
Weber, --, Captain (K)
Weber, David (K, S II)
Weber, Florenz (S II)
Weber, Friederich (S III)
Weber, Friedrich (S I)
Weber, Georg (S I)
Weber, Gottfried (S I, III)
Weber, Jakob (S III)
Weber, Johann (S II)
Weber, Johann L. (S II)
Weber, Louis (S III)
Weber, Stephan (S II)
Weber, Wilhelm (S I)
Wechsler, Emanuel (S I)
Wedekind, Julius (S I)
Wehmer, Ludwig (S II)
Wehrmann, L. F. (S I)
Weibel, -- (S III)
Weibert, Carl C. (S III)
Weider, Jacob (S III)
Weidig, --, Mr. (K)
Weigand, J. Valentin (S III)
Weigler, Arnold (S II)
Weigold, Georg (S I)

Weihe, Moritz (S II, III)
Weil, Franz (S III)
Weil, Johann (S I)
Weiler, Georg Frank (S II)
Weiler, Johann (S I, II)
Weiler, Michael (S II)
Weimann, Georg (K)
Weimann, Jakob (S II)
Weimer, Georg (K, S II)
Weinbrecht, -- (S III)
Weingaertner, Lorenz (S III)
Weingardner, Laurenz (S I)
Weinheimer, Anton (S II)
Weirich, Georg (S III)
Weis, Carl (S II)
Weise, Julius (K)
Weisent, Johann (S III)
Weiser, Conrad (K)
Weiser, Jakob (K)
Weismann (K)
Weismann, General (K)
Weiss, Carl (S III)
Weiss, Johannes (S III)
Weiss, Ludwig (S III)
Weisskirchen, Heinrich (S III)
Weitling, Wilhelm (K)

Weitzel, Gottfried (K)
Weitzel, Ludwig (S II)
Weisenecker, A. (S I)
Weld, -- (K)
Welker, -- (S III)
Welling, Georg (S III)
Welling, Georg M. (S II)
Wellmann, Friedrich (S II)
Wellmann, Heinrich (S I)
Wempe, Clemens August (S II)
Wenning, Wilhelm (S II, III)
Wenz, -- (K)
Wenzel, Johann Friederich (S III)
Wenzel, John F. (S II)
Werelberg, A.N. (S I)
Werk, -- (T)
Werk, M. (K)
Werneke, C. H. (S III)
Werner, -- (B)
Wernert, J. B. (S III)
Wersching, Casper (S III)
Wersching, Georg (S III)
Wesent, Johann (S III)
Wesjohan, -- (S III)
Wessel, Bernhard (S I)

West, Benjamin (K)
Westerkamp, Heinrich (S III)
Westhart, Johann (S III)
Wettengel, -- (T)
Wettermann, John (S I)
Westfahl, Andreas (K)
Westfahl, Susanne (K)
Wetterhold, --, Captain (K)
Wetzel, -- (S III)
Wetzel, Jakob (K, S II)
Wetzel, Johann (K)
Wetzel, Johannes (S II)
Wetzel, Ludwig (K, S II, III)
Wetzel, Martin (K, S II)
Weyand, Peter (S I)
Weyand, Nikolaus (S III)
Weyand, Peter (S III)
Weyand, Susanna, nee Mochel (S III)
Weynenborg Anton (S II)
Whelan, -- (K)
Wiechelmann, Johann C. (S I)
Wiedemer, F. X. (S I)
Wiegand, -- (K)
Wiegand, John V. (S II)
Wiegel, -- (T)

Wieman[n], Herm[ann] (S II)
Wieser, -- (K, T)
Wiesmann, -- (T)
Wiest, Gottlieb (S III)
Wigel, Johann (S II)
Wikidal, Martin (S I)
Wilhelm, Columbian (S I)
Will, Philipp (S III)
Willem, Jakob (S II)
Willenborg, F. H. (S III)
Willenborg, Francis H. (S II)
Willenborg, Maria Agnes (S II)
Willich, -- (K)
Willing, -- (K)
Willmann, -- (K, S II)
Wilmes, Theodor (S II, III)
Wilms, J. C. (S III)
Wilms, Johann Carl (S II)
Wilson, Joseph (S II)
Wilt, Heinrich (S III)
Wimberley, J. N. (S III)
Windeler, -- (S II)
Windeler, Hermann T. (K, S II)
Windisch, -- (B, T)
Windisch, Conrad (S II, III)
Winker, Anton (S II)
Winkler, Friedrich (S II)
Winkler, Willibald (S II)
Winstel, Johann (S II, III)
Winter, -- (S III)
Winterhalter, Georg (S I)
Wirth, -- (K, S III))
Wirthlin, Nicolaus (S I)
Wirtz, Henry (S II)
Wise, Isaac M., Dr. (S II)
Wislicenus, Gustav Adolph (S III)
Wislicenus, Hugo (S III)
Wislicenus, Johannes (S III)
Witschger, -- (S III)
Witte, Ferdinand (S I, III)
Witterstaetter, Elisabeth, nee Jörger (S II)
Wittich, Albert (S II, III)
Wittig, -- (K)
Wittmann, Nicholaus (S II)
Wittmer, -- (K)
Wocher, Max (S I)
Woeltz, Johann Adam (S I)
Woermann, Johann Bernard (S III)
Woermann, John B. (S I)

Wolf, -- (T, S II, III)
Wolf, Daniel (K, S II)
Wolf, Georg (S II, III)
Wolf, Isaac (S I)
Wolf, Jacob (S I)
Wolf, Johann (S II)
Wolf, Joseph de, Dr. (S II)
Wolf, Karl (S II, III)
Wolf, Moses (S I)
Wolf, Philipp (S III)
Wolf, Rebecca (S III)
Wolfertson, Jakob (S III)
Wolff, Carl (S III)
Wolff, D. (S I)
Wolff, Daniel (S I)
Wolff, Karl (S I)
Wolff, Ludwig (S I)
Wolff, Peter (S III)
Woll, Johannes (S I, III)
Woll, Nicolaus (S I)
Wollenweber, L. A. (S III)
Wolpert, Friedrich (S I)
Wommeldorf, Daniel (K)
Wood, John (S II)
Wubbolding, -- (T)
Wuertz, Mathias, Pastor (S II)

Wuest, -- (T)
Wuest, Adam (S I, II)
Wuest, Georg (S I, III)
Wuest, Jacob (S I, III)
Wuest, Johann (S III)
Wulfeck, Victor (S I)
Wupper, -- (K)
Wurlitzer, -- (T)
Wurth, Georg (S I)
Wurz, -- (K)

Yeargin [see Joergen, Joergens] (S II)
Yoder [see Joeder] (S III)

Zaeslein, Joseph (K)
Zaeslin, Joseph (S III)
Zandt, Salomon (S III)
Zane, Ebenezer (K)
Zane, Jonathan (K)
Zane, Silas (K)
Zedtwitz, Hermann von (S III)
Zehrer, Johann (S I)
Zeis, Jacob (S II)
Zeisberger, Rev. David (K, S I)
Zeisberger, Susanna (K)

Zeltner, -- (T)
Ziegenfelder, C.F. (S I)
Ziegler, -- (T)
Ziegler, Christian (S I)
Ziegler, David (K, S I, III)
Ziegler, Jacob (S I, III)
Ziegler, Lucy Anna (K)
Ziegler, Philipp (S I, II)
Ziegler, Valentin (S II)
Zielschott, Bernhard (S I)
Zimmer, -- (K, S II, III)
Zimmermann, J. (S II)
Zimmermann, Johann (S II, III)
Zimmermann, W. (S III)
Zinn, Philip (K)
Zipperlein, Ad[olph ?], Dr. (S II)
Zipperlen, Adolph (S III)
Zipperlen, Gustav Adolph Friedrich (S II)
Zittrauer, Georg (S III)
Zoeller, Blasius (S I)
Zoeller, Eckehardt, Friederich (S II)
Zoellner, A. (K)
Zoller, Johann (S I)
Zoller, Maria Eva (S I)
Zubli, David (S III)
Zubli, Johann Joachim (S III)
Zuebelin, Anton (S I)
Zuendt, Arnst Anton (S II)
Zumbusch, Anton (S I, II, III)
Zumbusch, Ferdinand Maria (S III)
Zumstein, -- (T)
Zumstein, Georg M. (S II, III)
Zwesler, -- (S III)
Zwiesler, Michael J. (S I)

Other Works By the Editor

*German-Americana: A Bibliography.*  Scarecrow Press, 1975.

*America's German Heritage.*  German-American National Congress, 1976.

*German-American Liteature.*  Scarecrow Press, 1977.

*Festschrift for the German-American Tricentennial Jubilee: Cincinnati 1983.*  Cincinnati Historical Society, 1982.

*The Cincinnati Germans after the Great War.*  Peter Lang Pub. Co., 1987.

*The First Description of Cincinnati and Other Ohio Settlements: The Travel Report of Johann Heckewelder, 1792.*  University Press of America, 1988.

*Spring Grove and Its Creator: H.A. Rattermann's Biography of Adolph Strauch.*  Ohio Book Store, 1988.

*Catalog of the German-Americana Collection, University of Cincinnati.*  K.G. Saur, 1990.

*The First Mayor of Cincinnati: George A. Katzenberger's Biography of Major David Ziegler.*  University Press of America, 1990.

*New German-American Studies.*  Peter Lang Pub. Co., 1990- .

*Germany and America (1450-1700): Julius Friedrich Sachse's History of the German Role in the Discovery, Exploration and Settlement of the New World.*  Heritage Books, Inc., 1991.

*The First Germans in America, With a Biographical Directory of New York.*  Heritage Books, Inc., 1992.

*In der Neuen Welt: Deutsch-Amerikanische Festschrift fuer die 500-Jahrfeier der Entdeckung von Amerika.*  Peter Lang Pub. Co., 1992.

### Heritage Books by Don Heinrich Tolzmann:

*Amana: William Rufus Perkins' and Barthinius L. Wick's
History of the Amana Society, or Community of True Inspiration*

*Americana Germanica: Paul Ben Baginsky's
Bibliography of German Works Relating to America, 1493–1800*

*Biography of Baron Von Steuben, the Army of the American Revolution and
Its Organizer: Rudolf Cronau's Biography of Baron von Steuben*

*CD: German-American Biographical Index (Midwest Families)*

*CD: Germans, Volume 2*

*CD: The German Colonial Era (four volumes)*

*Cincinnati's German Heritage*

*Covington's German Heritage*

*Custer: Frederick Whittaker's Complete Life of General George A. Custer,
Major General of Volunteers, Brevet Major General U.S. Army
and Lieutenant-Colonel Seventh U.S. Cavalry*

*Dayton's German Heritage: Karl Karstaedt's Golden Jubilee
History of the German Pioneer Society of Dayton, Ohio*

*Early German-American Newspapers: Daniel Miller's History*

*German Achievements in America: Rudolf Cronau's Survey History*

*German Americans in the Revolution*

*German Immigration to America: The First Wave*

*German Pioneer Life and Domestic Customs*

*German Pioneer Lifestyle*

*German Pioneers in Early California: Erwin G. Gudde's History*

*German-American Achievements: 400 Years of Contributions to America*

*German-Americana in Europe: Two Guides to Materials Relating to
American History in the German, Austrian, and Swiss Archives*

*German-Americana: A Bibliography*

*Germany and America, 1450–1700*

*Kentucky's German Pioneers: H. A. Rattermann's History*

*Lives and Exploits of the Daring Frank and Jesse James: Thaddeus Thorndike's
Graphic and Realistic Description of Their Many Deeds of Unparalleled
Daring in the Robbing of Banks and Railroad Trains*

*Louisiana's German Heritage: Louis Voss' Introductory History*

*Maryland's German Heritage: Daniel Wunderlich Nead's History*

*Memories of the Battle of New Ulm: Personal Accounts of the Sioux Uprising.
L. A. Fritsche's History of Brown County, Minnesota (1916)*

*Michigan's German Heritage: John Andrew Russell's History of the
German Influence in the Making of Michigan*

*Ohio's German Heritage*

*Ohio Valley German Biographical Index*

*Ohio Valley German Biographical Index: A Supplement*

*Outbreak and Massacre by the Dakota Indians in Minnesota in 1862:
Marion P. Satterlee's
Minute Account of the Outbreak, with Exact Locations, Names of All Victims, Prisoners
at Camp Release, Refugees at Fort Ridgely, etc. Complete List of Indians Killed in
Battle and Those Hung, and Those Pardoned at Rock Island, Iowa*

*The German-American Soldier in the Wars of the U.S.: J. G. Rosengarten's History*

*The German Element in Virginia: Herrmann Schuricht's History*

*The German Immigrant in America*

*The Pennsylvania Germans: James Owen Knauss, Jr.'s Social History*

*The Pennsylvania Germans:
Jesse Leonard Rosenberger's Sketch of Their History and Life*

www.ingramcontent.com/pod-product-compliance
Lightning Source LLC
Chambersburg PA
CBHW080553170426
43195CB00016B/2776